CORONEL TELHADA

AQUI É ROTA

CORONEL TELHADA

AQUI É ROTA

organizado por
VINÍCIUS ALMEIDA

novo século®

SÃO PAULO, 2019

Coronel Telhada: Aqui é ROTA

AQUISIÇÕES
Cleber Vasconcelos

ORGANIZADOR: Vinícius Almeida
ASSISTENTE DE PESQUISA: Celso Privatti
IMAGENS DE CAPA E MIOLO: Arquivo particular de Paulo Adriano Lopes Lucinda Telhada

PREPARAÇÃO: Fernanda Guerriero Antunes
CAPA E P. GRÁFICO: Equipe Novo Século

Texto de acordo com as normas do Novo Acordo Ortográfico da Língua Portuguesa (1990), em vigor desde 1º de janeiro de 2009.

Dados Internacionais de Catalogação na Publicação (CIP)

Coronel Telhada: aqui é ROTA / organizado por Vinícius Almeida.

Barueri, SP: Novo Século Editora, 2019.

1. Policiais militares – Narrativas pessoais 2. São Paulo (Estado). Polícia Militar – Crônicas I. Almeida, Vinícius

19-0992 CDD-923.5

Índice para catálogo sistemático:
1. Policiais militares – Narrativas pessoais 923.5

São de responsabilidade dos autores e /ou organizadores as informações contidas nesta obra.

Alameda Araguaia, 2190 – Bloco A – 11º andar – Conjunto 1111
CEP 06455-000 – Alphaville Industrial, Barueri – SP – Brasil
Tel.: (11) 3699-7107 | Fax: (11) 3699-7323
www.gruponovoseculo.com.br | atendimento@novoseculo.com.br

Agradeço imensamente, pelos esforços, suporte
e apoio, aos seguintes colaboradores:
JOSÉ PAULO MARCOLINO ROSA
ANTÔNIO FONSECA – MANGA
CLAUDIA FIGUEIRA DUARTE

Vinícius Almeida, organizador

SUMÁRIO

INTRODUÇÃO

A coruja caça pela noite... e o leão, de dia

Maio de 1987.

Dois anos antes, eu havia trabalhado com o Djair dos Santos Lima, um policial do 4ºBPMM (Batalhão de Polícia Militar Metropolitano). Era um cara do bem, bom de conversa e um profissional dedicado. Modelo de policial para qualquer um da corporação.

Naquele dia, eu voltava de uma ocorrência quando, ao chegar ao pelotão, descobri que ele havia sido baleado pelas costas e estava em estado grave. Como era um conhecido, fui ao hospital para acompanhar o ocorrido. Ao chegar lá, fui informado de que ele não havia resistido...

Eu não esqueci o nome do marginal que estava perseguindo o soldado Djair.

>>>>>>>>>>>

6 de abril de 1989.
Parada de Taipas – São Paulo (SP).

Um jovem de vinte anos. Nome: Gilberto Firmino de Paula.

Um sujeito que conseguia tirar o sossego dos moradores simples desse bairro já no fim dos anos de 1980.

Um indivíduo que ameaçava os comerciantes locais e que, na rua, assustava as mães e seus filhos com arma. Gostava de encrencas – de todos os tipos.

Era envolvido com o tráfico.

Andava armado. E também era alcoólatra. Uma combinação explosiva.

Ou seja, um marginal completo.

Resumindo: *um maldito que aterrorizava o bairro.*

Vulgo: Índio.

Ele reparou que a polícia estava atrás dele, com o mesmo vigor e a mesma vontade de um tigre quando está faminto. E o vagabundo, assim que notou isso, sumiu. Não o encontramos de jeito nenhum em São Paulo. Fontes diziam que ele havia ficado dois anos na condição de foragido lá na Paraíba.

O Índio cometeu um erro incorrigível: em 18 de maio de 1987, assassinou covardemente – pelas costas –, com três tiros, o soldado Djair enquanto este lavava seu carro na frente de casa.

Só que, no início do ano de 1989, ele voltou para São Paulo.

E continuou a ser o mesmo cretino que era.

E o bairro já não aguentava mais esse sujeito acabando com a paz e o sossego de cidadãos de bem e trabalhadores, pais e mães de família de um bairro carente que já têm as dificuldades da vida para vencer. Eles não precisavam de mais uma... nem de uma que se chamasse Índio...

>>>>>>>>>>>

Eu estou na Zona Oeste. Ali na região entre Pirituba e Perus.

Minha viatura de ROTA Comando está no patrulhamento, quando recebo um chamado no rádio.

Um cidadão ligou na base de ROTA para fazer uma denúncia.

Fui lá com minha viatura e minha equipe de ROTA e falei com esse cidadão, um sujeito já idoso.

– Tenente, por favor, nos ajude... – ele me pediu. – A gente não aguenta mais esse marginal por aqui! Ele está ameaçando todo mundo!

– Sim, senhor... E o senhor tem a descrição dele?

– Tenho, sim. Ele é de estatura média, cabelos lisos e pretos, olhos castanhos e pele bronzeada. O nome dele é Gilberto... Ele lembra um índio. Inclusive, todo mundo o chama de Índio aqui nas redondezas...

A morte do Djair me veio à cabeça na hora. O maldito havia voltado.

A gente é polícia. E polícia vive isso. Eu não tinha esquecido o cara. Ele estava marcado na minha cabeça ainda.

Na ronda daquela tarde, descobri um PM que estava na zeladoria de um colégio lá no Jardim Britânia. Ele tinha informações de onde estava o vagabundo:

– Ô tenente, o Índio está de volta nas redondezas...

– É aquele que **matou o Djair**?

– Ele mesmo, tenente!

– Filho da puta... Ele voltou.

Nós pegamos esse PM que tinha a informação, colocamos ele na viatura, anotamos o endereço e fomos para o local. Eu acionei um pelotão de ROTA[1], ou seja, éramos de 20 a 25 homens aproximadamente.

A caçada estava apenas começando...

A informação dizia que ele estava morando bem no meio da favela. E para lá fomos com tudo. O motorista com o pé fundo no acelerador. A adrenalina a mil.

---

1 Naquela época, o pelotão era composto por cinco barcas de ROTA.

Eu já tinha alinhado tudo com a equipe: iríamos fazer todo o cerco. Por quê?

Quando a gente vai para uma ocorrência, a primeira coisa que o bandido faz quando vê a viatura na frente do barraco é correr para trás feito um maluco. Isso é normal. Então, mandei as barcas[2] entrarem pelos fundos e eu iria entrar pela frente. Com essa estratégia dando certo, nós iríamos pegar ele nos fundos enquanto ele corresse. Perseguiríamos esse safado.

Como eu tinha informação de que o Índio estava sempre com revólver e duas ou três armas juntas, fui preparado para o "tudo ou nada".

Eu lembro que cheguei numa casa no meio do mato mesmo. Desci com a **metralhadora empunhada**.

Cercamos o local.

Descemos.

A tropa se posicionou.

Fui andando rápido, descendo sentido a casa. Engatilhei a metralhadora.

Um senhor estava no quintal do local indicado. Eu acenei para ele ficar em silêncio: "Shiiuuuuuu".

– O Gilberto está aí? – perguntei para ele.

– Ele está dentro da casa...

Nós pusemos o homem para o lado. Entramos pela frente da casa mesmo. Eu pela sala e outro policial pela cozinha. Ao mesmo tempo. Assim que eu meti o pé na porta, ele estava deitado no sofá. Eu nunca me esqueço daquela cena...

Quando eu entrei, *ele saltou e buscou o revólver que estava ao lado e apontou para mim*, rápido.

Eu já estava com a metralhadora na altura da cintura.

---

2 Como são denominadas as viaturas.

E o Gilberto atirou.

Eu atirei.

O outro policial atirou junto.

O tiro passou perto do meu rosto e por pouco não me acertou!

Eu mirei, e pareceu que tinha acertado o peito dele. O Manezinho[3], que entrou pelo outro lado, acertou o tiro na altura do pescoço.

Quando o moleque caiu, eu olhei os buracos na parede atrás dele e falei para mim mesmo: "Errei o tiro!".

– O cara se jogou no chão? – perguntei.

Eu fui com a arma empunhada para verificar o sujeito. Aí, quando encostei no marginal, reparei que ele já estava agonizando... Acertei o tiro bem no peito mesmo. E eu estava com uma metralhadora Beretta 9mm. E ela tem uma característica particular: a bala faz um buraquinho para entrar e um verdadeiro arregaço quando sai pelo outro lado. Ela transfixou o cara e fez uns buracos na parede, tanto que eu pensei que tinha errado o tiro. Mas acertei.

Ele caiu.

Ficou ali, estendido.

Aí, eu e o cabo Filho fomos prestar socorro para o *malaco*. Seguramos nas pernas e nos braços para carregá-lo até a viatura que estava parada na rua.

Quando passamos pelo quintal, aquele senhor que nos deu a dica gritou:

– O que vocês fizeram? Mataram meu filho!

Caramba... O marginal era filho daquele senhor!

Socorremos a vítima e levamos ela ao Pronto-Socorro de Perus, lá para o fundão, perto do 46º Distrito Policial.

3 Cabo Manuel Alves Filho.

Conduzimos o sujeito no guarda-preso. A viatura ficou toda suja na parte de trás, afogada em um tom vermelho-escuro, como se tivesse carregado um animal que acabou de sair de um matadouro.

Ficou bem ensanguentada mesmo.

Após o socorro, o vagabundo não resistiu e morreu ali no Pronto-Socorro.

>>>>>>>>>>>

Fomos apresentar a ocorrência no 46º Distrito Policial.

E, depois de toda a papelada, com o marginal foi aprendido um revólver Taurus, calibre .38.

Só que o pai do rapaz estava lá no DP...

... Aí eu pensei: *Cacete, o pai dele vai pegar pesado comigo...*

Ele veio em minha direção. E eu continuei ali parado, preenchendo os papéis, já aguardando a reação de pai.

Aí, para minha surpresa, ele falou comigo:

– Tenente, eu vim *agradecer o senhor* aqui...

O delegado Salvatore Cricelli olhou para minha cara.

– Por quê? – eu perguntei, pensando que ele devia estar tirando uma onda da minha cara...

E aquele senhor respondeu sério, um operário chamado José Firmino de Paula, desabafando com a voz embargada:

– ... Eu vim... porque... meu filho não tinha mais jeito, e ninguém mais aguentava ele. E ele ficava ameaçando todos os vizinhos... E ameaçava até matar a família das pessoas... Então, vim aqui agradecer o senhor... – E ele continuou: – Dou graças a Deus por meu filho ter sido morto...

Aquele jovem tinha 20 anos.

E aquela não foi a primeira vez que, após atender a uma ocorrência, o pai ou a mãe vieram me agradecer por ter parado o filho deles... Neste caso, o pai veio me **agradecer pessoalmente** pela morte do filho, **porque já não aguentava mais.**

O Índio foi o único vagabundo que eu precisei derrubar com uma metralhadora.

Essa matéria foi publicada no jornal *Notícias Populares*, no dia 7 de abril de 1989.

Se matar um policial, vamos ao inferno te buscar

12 de maio de 1989.

Outros policiais também estavam na área procurando aqueles sacanas nas redondezas.

Dois policiais militares patrulhavam, com uma viatura Gurgel[4], a Rua Carlos Schumacker, na Vila Brasilândia, quando avistaram dois suspeitos. Um dos policiais militares achou os indivíduos estranhos e resolveu abordá-los. SÓ QUE O QUE DEVERIA SER O PADRÃO (MANOBRAR A VIATURA E VIR DE FRENTE PARA A ABORDAGEM) NÃO FOI FEITO... O motorista ENGATOU A MARCHA À RÉ e assim foi até chegar próximo aos suspeitos – *vai ver ele não confiou que aqueles suspeitos poderiam ser*, de fato, *marginais*.

Eu não sei o porquê de o motorista ter feito isso!

E NÃO DEU OUTRA...

Os dois vagabundos colocaram a mão na cintura, cada um sacando um revólver, apontaram para o veículo e...

<<POW!! POW!!>>

... descarregaram as armas na viatura de radiopatrulha que vinha de ré!

O motorista (cabo Adilson Aparecido da Silva, de 22 anos) tomou um tiro na base do crânio, batendo bruscamente a cabeça no volante... O outro militar, soldado Nelson Assunção (de 22 anos

4 Naquela época, a PM utilizava esses veículos.

também), teve uma bala que o acertou no rosto, perfurando sua bochecha e dilacerando a musculatura do rosto. Ambos eram da 3ª Companhia do 18º Batalhão de Polícia Militar Metropolitano.

Os marginais conseguiram parar a viatura. E correram.

O policial sobrevivente, com dificuldades imensas de fala, pediu socorro pelo rádio da viatura.

O cabo Adilson, que dirigia a viatura, não teve chances... Foi socorrido por outras viaturas que chegaram ao local. Até foi levado para o Pronto-Socorro João Paulo I, mas não aguentou os ferimentos: faleceu logo em seguida.

>>>>>>>>>>>

A grande maioria do meu tempo como comandante de pelotão de ROTA foi na tropa matutina.

A rotina normal do Batalhão era começar a educação física das 7horas da manhã até as 9. Depois disso, todos tomavam banho e iam para a sala de aula – das 10 às 11 horas. A partir das 11todos iam para a rua patrulhar, "caçar"...

No começo daquela sexta-feira, como de costume, coloquei a tropa para começar a atividade. Só que já chegou aquela ocorrência grave logo cedo: tiroteio acontecendo na área do 18º Batalhão, na região da Freguesia do Ó. E havia um *policial baleado*.

Estavam todos na educação física. Dali mesmo, a ordem foi dada: parar tudo e ir para a região do tiroteio dar apoio aos colegas.

Do jeito que estavam, saíram todos correndo, arrumando a farda rapidamente e indo direto para a rua. Saímos do quartel com todo o pelotão: tinha umas quinze barcas aproximadamente, o equivalente a quase sessenta homens.

Viaturas atrás de viatura, nós corremos como loucos. As sirenes gritavam pelas ruas de São Paulo, mostrando que quando a gente chegasse não iríamos perder a viagem. Um atraso em uma troca de tiros pode significar vidas perdidas. E essas vidas podem ser as dos militares...

Fomos para o local e cercamos tudo.

Patrulhamos toda a área.

Não conseguimos encontrá-los. Os bandidos já haviam escapado.

Precisei retornar à Base Aguiar (Batalhão Tobias de Aguiar) para resolver alguns assuntos administrativos e, logo que providenciados, voltamos para as ruas.

>>>>>>>>>>>

Eu estava na viatura de ROTA Comando 91041, patrulhando. Aí, veio do nada na minha mente: *Vamos voltar para a Freguesia do Ó e ver se damos sorte.*

E assim determinei para o motorista, o soldado Arnaldo:

– Toca para a Zona Norte!

Descemos a Tiradentes. Pegamos a Marginal, sentido Freguesia.

Entramos na Avenida João Paulo I.

Algumas motos da PM passaram bem rápido por nós. Eu gritei:

– Vai! Vai! Acompanha elas!

Quando a barca entrou na rua, depois de uma curva bem fechada, os dois policiais da ROCAM[5] (Ronda Ostensiva com Apoio de Motocicletas) já estavam fazendo a abordagem em SEIS SUSPEITOS. Não era o correto, pois em uma abordagem os policiais sempre

5 Criada em 5 de novembro de 1982 no 1º Batalhão de Polícia de Choque (ROTA) da Polícia Militar do Estado de São Paulo. As patrulhas são formadas por no mínimo 2 ou 3 policiais.

>> Início do cerco na favela do Elisa Maria - ocorrência do cabo Adilson.

precisam estar em número superior. Assim, descemos rápido da nossa viatura e demos todo o apoio necessário para os colegas.

Depois da revista, aquele grupo não tinha nada de ilegal.

Liberamos todos.

Só que...

... enquanto a gente fazia a revista, eu via uma pessoa que ficava tirando fotos o tempo todo.

Aí eu pensei: *Que porra é essa?!*

Terminada a revista nos suspeitos, eu fui perguntar para aquele cidadão:

– Ô meu irmão... Quem é você? Identifique-se, por favor.

O sujeito, meio nervoso, disse:

– Não, comandante... Eu sou do *Estadão*. Eu vim aqui porque mataram o policial e eu quero fazer uma reportagem. Posso acompanhar vocês nesta busca?

Meio surpreso, respondi:

– Tudo bem. Vem atrás de nós.

E não é que o repórter foi mesmo?

Ele saiu acelerado com o "fusquinha do *Estadão*" nos acompanhando, logo que entramos na nossa barca para continuarmos com o patrulhamento.

Saindo dali me deu um estalo: *Vamos voltar ao local do crime.*

Fomos lá no Vista Alegre, entre a Brasilândia e Parada de Taipas.

Falei para os parceiros na viatura:

– Quero ver o local em que o polícia morreu.

De repente o COPOM (COMANDO DE OPERAÇÕES DA POLÍCIA MILITAR) irradiou que havia recebido um telefonema anônimo dizendo que os criminosos investigados estavam escondidos na Rua Carlos Schumacker, 33 – era este o local onde havia ocorrido a morte do cabo Adilson.

Nunca vou esquecer esse número na minha vida.

Fomos "voando" para o endereço, verificar o rastro dessa pista.

Quando lá chegamos, desembarcamos da viatura e batemos na porta. Atendeu uma senhora com um bebezinho.

– Bom dia, senhora. Podemos entrar na sua casa?

– Por quê?

– Nós temos informação de que tem uns bandidos escondidos aí.

– Mas não tem...

– Então, minha senhora, deixa a gente entrar para vistoriar.

– Tudo bem, pode entrar.

Entramos e vistoriamos a casa da mulher inteirinha. E não tinha nada.

Até pedi desculpa para a mulher. Mas, como tinha a informação, nós precisávamos ir...

E nada dos vagabundos.

Tinha sido um **trote** ou uma informação malpassada?

>>>>>>>>>>>

Saindo da casa, encontramos uma viatura do 18º Batalhão. Eu aproveitei a oportunidade e fui falar com os policiais:

– E aí, pessoal, tudo bem?

– Tudo bem, sim, tenente.

– E aí, meu, onde que foi esse tiroteio?

– Foi aqui, ó...

E os dois foram me mostrando o local e como tinha acontecido tudo.

Eu entendi toda a cena do crime.

E, depois de conversar um pouco, pegamos uma *pista do local onde estariam os vagabundos*. Dica esta que os policiais tinham recebido da comunidade.

Não perdi tempo...

A gente saiu de lá e desceu a pé para a favela que existia na parte baixa da rua. Nos separamos: cabo Falcão e eu fomos para um lado; o cabo Filho (Manezinho) e o sargento Sforzin, para o lado oposto. O motorista, soldado Arnaldo, ficou na segurança da viatura.

A descrição do barraco batia com a que os policiais falaram.

Pensei: Ótimo!

Agora o clima iria esquentar...

Quando eu vi o barraco, caí pra dentro dele.

Vi um rapaz que tinha as características do ladrão. Bem parecido mesmo!

Só que depois de começar a conversar com o rapaz, no procedimento de abordagem... eu e o Falcão chegamos à conclusão de que ele não era o cara que procurávamos...

E enquanto conversávamos com o rapaz, eu comecei a ouvir uns gritos do Manezinho, meu companheiro de viatura, lá longe:

– Tenente! Seu tenente! Tenente Telhada!

Manezinho, feito um maluco, gritava e gesticulava de longe.

Eu pensei: *Deve ser sério...*

E ele continuava:

– Vem aqui!

Eu gritei:

– Eu estou aqui fazendo a abordagem!

Ele insistiu:

– Vem aqui, porra!

Eu dispensei o rapaz e fui a contragosto...

– Mané, caralho, por que tudo isso?

– Chefe, acabou de chegar a denúncia de que os caras estão escondidos neste barraco!

– Ahhhh....

O sangue esquentou novamente...

Fomos lá bem devagarzinho, bem quietos mesmo, e colocamos a orelha ali perto da janela. E...

"Caralho, fica esperto! O pessoal da ROTA está aí .... Se eles pegam a gente, nós tamo *fodido!"*

... Só podia ser um presente! Os vagabundos estavam lá dentro mesmo!

Eram eles!

Fui dando os sinais com as mãos. Todos foram cercando o barraco.

Estávamos cinco homens – nós quatro de ROTA e um PM do 18º Batalhão.

Cinco homens era um número excelente para cercar o local.

Eu vim pela frente e bati na porta.

– **ABRE, É A POLÍCIA!**

Uma voz falou:

– Hã... que... nós já vamos sair...

E uma em tom choroso disse alto:

– ... a gente não queria matar o “polícia”!

Eram os caras.

Malditos.

Ali eu tive de me segurar...

– ABRE, CARALHO! ABRE! – gritei.

– Não, senhor... Nós vamos sair... Vamos sair...

Meti o pé na porta.

Quando eu entrei, junto com mais dois soldados, já me deparei com os dois vagabundos, com armas nas mãos, só esperando a gente entrar!

Aí, não deu outra...

Pergunta se eles queriam ir presos?

Já receberam a gente superbem – com chuva de balas!

Só que quando a gente caía pra dentro em uma ocorrência, já estávamos preparados para o que tivesse de acontecer. Como sempre estivemos.

Ali, quem tem mais treinamento, **tem menos a perder.**

Depois de poucos segundos e muitos disparos, um cheiro forte de pólvora tomou conta daquele ambiente fechado.

Olhei para o lado. Meus homens ainda estavam de pé.

Olhei para a frente.

Os rapazes estavam caídos. Ensanguentados.

>>>>>>>>>>>

No meio da troca de tiros, o Arnaldo, que estava na viatura, pegou o caneco e falou:

– *Prioridade na rede! Comando Uno... Estão trocando tiro na favela da Rua Carlos Schumacker...*

Quando o alerta chegou no rádio, eu lembro que o negócio esquentou. A ROTA foi cobrir esta ocorrência, a ROCAM também foi acionada, o COE (COMANDOS E OPERAÇÕES ESPECIAIS – PMESP), o pessoal do Trânsito, o Batalhão de área (18º)... tinha tanta, mas tanta polícia indo para o local, que... fechamos a Zona Norte!

>>>>>>>>>>>

E sabe por que fechamos tudo? E por que estávamos todos juntos? Porque mataram um policial. **Um irmão de armas...**

Naquela época, não tinha "choro"... Isso não iria ficar desta forma... Mas não ia mesmo!

Se um bandido matou um policial, VAMOS ATÉ O INFERNO BUSCAR QUEM FOI!

>>>>>>>>>>>

– Vamos socorrer os caras... – falei.

Os rapazes e eu começamos a subir aquele mesmo caminho carregando os vagabundos baleados. O repórter estava logo atrás, superatento, registrando todos os momentos. E ele, ao final, acabou sendo testemunha de todos os fatos que ocorreram ali.

Quando finalmente chegamos à viatura, eu vi algo que me surpreendeu: a rua estava lotada de carros e motos! CERCADA DE VIATURAS DE POLÍCIAS! Viaturas de ROTA, de Trânsito, da ROCAM,

>> Bandidos que assassinaram o cabo Adilson (1989).

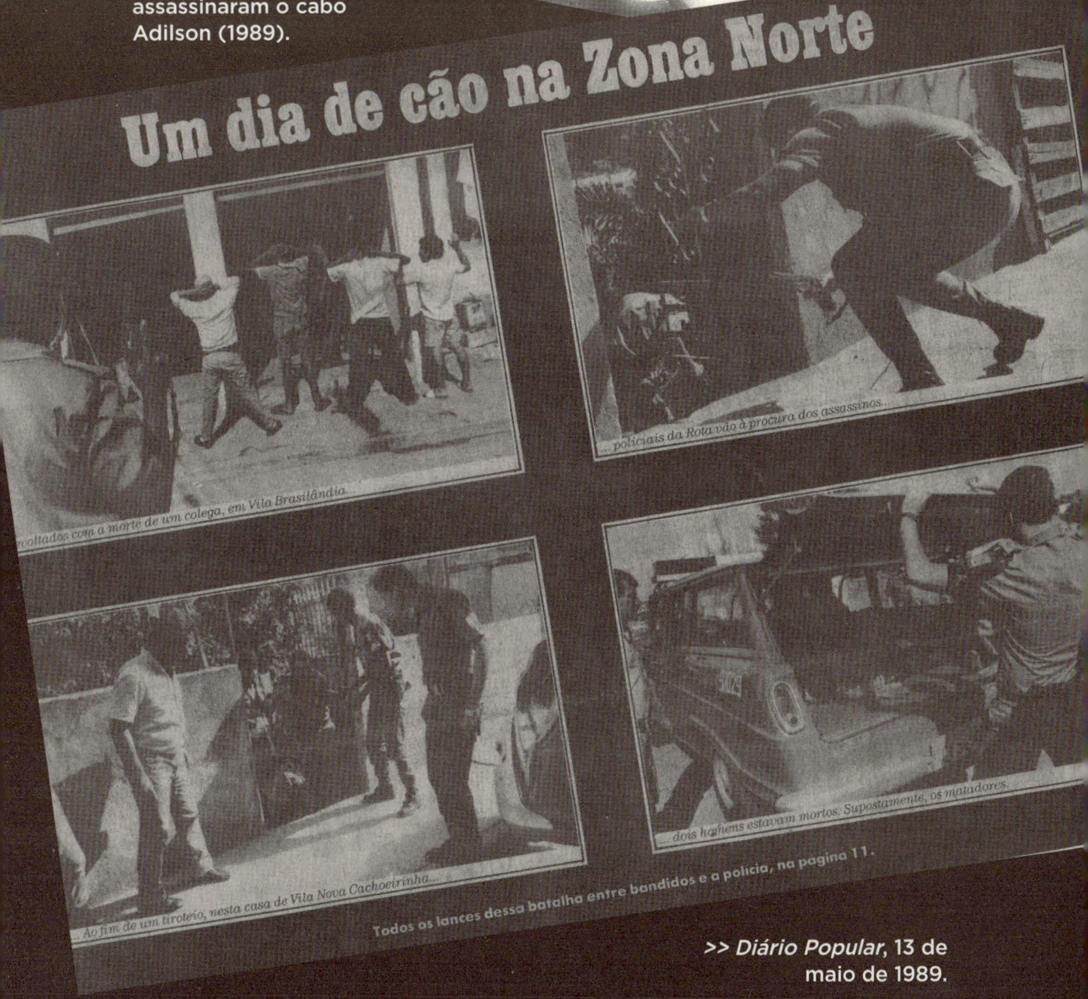

Um dia de cão na Zona Norte

...revoltados com a morte de um colega, em Vila Brasilândia...

... policiais da Rota vão à procura dos assassinos...

... Ao fim de um tiroteio, nesta casa de Vila Nova Cachoeirinha...

... dois homens estavam mortos. Supostamente, os matadores.

Todos os lances dessa batalha entre bandidos e a polícia, na pagina 11.

>> *Diário Popular*, 13 de maio de 1989.

do Choque... Veio todo mundo! Tinha gente nas ruas e nos veículos. Tinha tanta, mas tanta gente, que não dava nem para sair direito daquele local, tamanho o movimento por lá!

Colocamos cada um dos "*malas*[6]" em uma viatura de ROTA diferente e seguimos rapidamente para o Pronto-Socorro, ali na Avenida João Paulo I, com eles no guarda-preso da viatura.

Começamos a sair da favela.

E a população já estava na rua para ver o que tinha acontecido.

A notícia correu de forma rápida!

Pouco tempo depois, algo até me emocionou: as pessoas nas calçadas que olhavam nossas viaturas saindo dali com os marginais começaram aplaudir! Os civis e os policiais também. Foi uma cena bem marcante.

Chegamos no PS.

Novamente me surpreendi.

A frente do local estava tomada por viaturas da PM e por vários civis.

Paramos as duas barcas na entrada da Emergência.

A gente não conseguia abrir a portadas viaturas para remover os sujeitos... de tantos policiais que estavam lá para falar com a gente e nos cumprimentar. Inclusive diversos policiais à *paisana*, porque o policial que foi morto por esses marginais era muito querido e conhecido na região.

Pedimos licença para todos e tiramos os dois sujeitos do guarda-preso e os colocamos nas macas.

O médico ainda começou a fazer os procedimentos em um dos marginais, que faleceu em seguida.

O outro entrou em óbito assim que chegamos à Emergência.

---

6 Mala é o sujeito que tem ou teve algum tipo de envolvimento com o crime.

>>>>>>>>>>>

Aí vem a **parte dolorida**.

Fomos para o necrotério para fazer todos os procedimentos administrativos nos dois *malacos* que foram "pro saco"... entraram em óbito, melhor dizendo...

Quando nós chegamos naquele lugar frio e triste, quem estava no necrotério?

Os dois malandros, um em cada mesa...

... e o cabo Adilson, nosso colega morto horas antes, na outra mesa...

Exatamente deste jeito: o policial em uma mesa e os dois vagabundos nas outras.

Lado a lado.

Pensei: *Caralho*... Isto que é pronta-resposta.

>>>>>>>>>>>

Voltamos para o 45º DP, na Brasilândia. Apresentamos e fizemos toda a ocorrência. Toda a parte da papelada.

Nunca esqueço: saímos da viatura e ela toda cheia de sangue na traseira. Pingando mesmo. No fim do turno, ainda teríamos de lavar tudo aquilo.

Saímos de lá do DP quando a noite já estava caindo. Devia ser por volta das 19 ou 20 horas.

Só que a gente estava sem comer nada até aquele horário! Não tomamos nem café da manhã!

Assim, fomos com a viatura na Avenida General Edgar Facó para comermos algo, pois o corpo já estava cobrando alguma coisa para se manter em pé. Tinha uma boa padaria por lá.

Chegamos. Desembarcou todo mundo, menos o motorista. A gente foi para a parede, com arma na mão. Aí o motorista veio de ré. E estacionamos a barca.

Só que a viatura estava toda ensanguentada. Parte do para-choque e da tampa traseira da Veraneio ainda estava bem vermelha, com sangue seco – a gente não tinha lavado a viatura porque ainda não havíamos passado no quartel.

As pessoas passavam e viam aquilo com um ar de indignação, de surpresa.

Aí, não demorou para ouvirmos alguns comentários dos passantes:

– Meu Deus... A ROTA...

Comemos algo.

E conversamos sobre como tinha sido a operação.

Um sucesso.

>>>>>>>>>>>

Fomos para o quartel. O pessoal do pelotão noturno já estava saindo da sala de aula.

Paramos a viatura perto, do monumento dos heróis (falecidos) do quartel, próximo à sala de aula. Quando paramos a viatura para começar a limpá-la, o pelotão inteiro da noturna veio nos parabenizar pela ocorrência.

Eu sabia que meu pelotão todo havia participado da ação. Por isso, dividimos esse momento com todos ali presentes.

E, pela ocorrência ter sido do pelotão todo, no dia seguinte a gente estaria de folga. Seria sábado.

Eu aproveitei ali mesmo, depois dos cumprimentos, e determinei para o pelotão:

– *Amanhã não tem folga para ninguém.* Eu quero todo mundo às 7 horas da manhã no quartel. Nós vamos pegar as viaturas e **vamos ao enterro do nosso colega policial.**

>>>>>>>>>>>

Sábado, 13 de maio.
7 horas da manhã.

Todos estavam pontualmente no quartel.

Vestimos as fardas.

Equipamos a viatura de ROTA.

Saímos em comboio – oito Veraneios (nossas barcas) – e fomos para o cemitério da Vila Cachoeirinha, no funeral do cabo Adilson.

Chegamos ao velório.

Estava lotadíssimo.

O cabo Adilson iria casar-se dali a uma semana.

Ele tinha 22 anos. E morreu uma semana antes do seu próprio casamento.

Eu mandei o pelotão entrar em forma atrás de mim.

Eu estava fardado de ROTA, boina preta, braçal da ROTA, láurea de mérito pessoal de 1º grau no peito.

Fomos todos caminhando juntos.

Eu nunca me esqueço daquela visão: estava aquele mar de gente em volta do caixão. E conforme nós íamos lentamente caminhando, as pessoas foram abrindo espaço na mesma proporção, no mesmo ritmo. E assim foi... até o ponto em que, do outro lado, eu vi o caixão do nosso amigo e colega de profissão. Nesse instante, eu me arrepiei.

Ao lado do caixão vi o pai dele, que era um sargento, chorando pela dor da perda do filho querido.

A família toda estava ao redor.

Fui caminhando de encontro. Cheguei ao lado.

Quando o pai dele me viu, veio na minha direção e me disse, olhando "olho no olho":

– Não acredito, tenente, que o senhor veio no funeral do meu filho!

Aí ele parou e me abraçou.

Chorando.

Eu fiquei em silêncio.

E continuou:

– Eu sei que o senhor não vai trazer meu filho de volta, *mas eu nunca vou esquecer o que vocês fizeram por ele...* Não podia ficar batido o que esses malditos fizeram... Eu sei que ele não vai voltar...

A esposa e a mãe choravam muito ali, atrás do pai.

Essa ocorrência me marcou muito **não só por causa** de sua gravidade, mas principalmente pela pronta-resposta. E pela atitude da população.

>>>>>>>>>>>

Realmente, a gente não traz a vida de ninguém de volta...

... mas quando a **ROTA chega não tem para ninguém...**

... e isto serve para qualquer bandido que queira encarar a ROTA...

... porque ele *pode escolher* com a gente: OU CADEIA... OU CAIXÃO.

A escolha é do bandido, não é nossa.

Batismo de fogo

Madrugada de 24 para 25 de novembro de 1985.

Era o patrulhamento do tático móvel pela noite. Eu estava como 2º tenente, Ronda Oficial, da 2ª Companhia do 4º Batalhão de Polícia Militar Metropolitano. Minha equipe era formada por cabo Cláudio, soldado Bosco e sargento Junior. Fazíamos patrulhamento uma noite sim, uma noite não. E neste turno sempre atendíamos a várias ocorrências.

Entrávamos às 7 horas da noite e saíamos somente às 7 horas da manhã seguinte.

Praticamente até as3horas da manhã havia muitas ocorrências. Das 3h15 até as 5 horas não aparecia nada...

O rádio ficava mudo.

E era tedioso isso.

Não tinha ninguém para abordar na rua.

Os estabelecimentos estavam todos fechados– era uma São Paulo diferente da que hoje está aí. Não havia NADA aberto naquele horário! Nem um boteco "mosca frita" para tomar um café...

Naquela madrugada, nós estávamos patrulhando.

Domingo já havia passado.

Passamos por cima da Ponte do Piqueri naquele início de segunda-feira.

Eu vi o Rio Tietê, que passava ali embaixo. Enquanto olhava, fiquei pensando que o legal do **policiamento** é que *não existe um dia* *igual ao outro*. Se você atender a *mil ocorrências*, todas elas serão diferentes: o local, o horário, as pessoas. Não existia um dia igual ao outro em minha profissão.

E aquela madrugada foi mais uma de tantas diferentes que eu tive...

Quando o relógio apontou cinco horas da manhã, paramos em uma padaria na Rua Carlos Vicari. Nós encostamos para tomar um café e comer um "pão na chapa".

Chegamos e conversamos com o *chapeiro* e os *padeiros*, que eram os primeiros a abrir o estabelecimento. Naquele local bem afastado, naquela época, abrir a padaria com uma barca de Tático da ROTA na porta era um alívio. Eu estava junto com o Claudião tomando um café no balcão e os outros dois estavam na segurança e no rádio da barca (Veraneio).

De repente o rádio da viatura "grita":

"ATENÇÃO, VIATURAS DA SEGUNDA COMPANHIA. ROUBO A ESTABELECIMENTO – DEPÓSITO DA BRAHMA – RUA TURIASSÚ, 2.077. INDIVÍDUOS ARMADOS NO LOCAL".

Pensei: CARALHO, ESTAMOS DO LADO!

E o Bosco gritou do carro:

– CHEFE! CHEFE! É AQUI DO LADO!

Largamos o café e pulamos na viatura. Feito um raio.

Como era de madrugada, o Bosco, que estava no volante, foi na contramão mesmo! CONTRAMÃO na Rua Carlos Vicari, contramão na Pompeia e na Turiassú.

Para chegar ainda mais rápido na ocorrência.

Nós fomos de *highlight*[7] desligado para não chamar atenção dos bandidos.

Ao entrarmos na contramão da Rua Turiassú, vimos um vagabundo sair correndo, abandonando um veículo Del Rey na porta do estabelecimento.

Paramos a viatura ao lado da entrada.

Em silêncio, descemos.

Não batemos as portas. Encostamos elas bem devagar. Se uma porta de Veraneio fosse batida de madrugada, no silêncio da noite, daria para ouvir seu baque seco a centenas de metros de distância!

Empunhamos as armas.

Peguei a metralhadora.

E seguimos até a portas em barulho nenhum.

Tinha pouco tempo que eu servia no 4º Batalhão, ou seja, era um tenente bem recruta, com *nenhuma* experiência em ocorrências graves.

Fomos aos poucos nos aproximando.

Foi então que eu vi, bem ao longe, o que nos aguardava: no instante em que olhei dentro do galpão, todos os assaltantes estavam com as armas na mão. Umas escopetas. Um dos modelos era do tipo calibre .28 e o outro, de calibre .12. Um dos sujeitos aparentava ter uns 40anos. Os outros eu não consegui identificar daquela distância...

Naquele instante, eu parei e pensei: *Puta que pariu... O queque eu faço agora?*

Havia um BANDO GRANDE de caras armados lá dentro.

Eu estava com 23 anos de idade. Ali eu comandava outros soldados mais velhos que eu.

---

7 *Highlight* são as luzes de alarme no teto da viatura.

Falei rapidamente com o cabo Cláudio ("Claudião", o mais experiente da equipe, com 48 anos de idade).

E decidimos seguir bem devagar, em silêncio, para tentar um efeito surpresa.

Só que não éramos bobos. Voltei na viatura e modulei no rádio:

"ATENÇÃO, VIATURAS – COMANDO INFORMANDO. ESTAMOS NO LOCAL E OS INDIVÍDUOS ESTÃO DENTRO DO ARMAZÉM. AS VIATURAS QUE ESTIVEREM PRÓXIMAS SE DESLOQUEM PARA APOIO EM SILÊNCIO, COM HIGHLIGHT DESLIGADO E SIRENES DESLIGADAS, PORQUE OS INDIVÍDUOS NÃO SABEM QUE ESTAMOS AQUI AINDA!".

Recado dado.

Voltamos para a operação.

Até aquele instante, NÃO HAVIA nenhum refém...

Ficamos ali, próximo ao portão, escondidos, aguardando o melhor momento para adentrarmos.

Deu alguns instantes, começaram a chegar algumas viaturas.

Os policiais foram descendo... e descendo... e chegando cada vez mais policiais e mais policiais. Cercamos o local.

O COPOM chamou todo mundo!

Tinha quase uns TRINTA policiais lá fora já.

Aí, veio a merda...

Havia um policial lá da Segunda Companhia (cujo nome, graças a Deus, eu não lembro porque senão eu iria falar) que era um dos LEÕES DE PÁTIO[8]... Um sujeito arrogante... Toda noite que ele estava no turno tinha algum problema nas ocorrências. O Cláudio odiava aquele cara! Aí, *de repente*, aparece uma Kombi na outra

---

8 Como são denominados aqueles que são valentes só dentro do quartel.

esquina, bem distante. Em alta velocidade, SIRENE LIGADA E COM HIGHLIGHT LIGADO, vindo a todo vapor. Fritou o pneu na esquina da ocorrência. Quase bateu no poste, inclusive. Aí, deu aquela freada próximo de todos os outros carros que já estavam parados. Fazendo bastante barulho mesmo!

Quem estava dirigindo o carro? O infeliz do *leão de pátio*...

Aí, lá dentro do armazém, virou um verdadeiro "*barata voa*". Só deu para ouvir os assaltantes gritando:

– A polícia! A polícia!

Acontece que, quando os caras quiseram fugir, nós já estávamos na porta. E, para tentarem sair, o que fizeram? Começaram a fazer os funcionários de reféns!

Até então a ocorrência era somente de um assalto fortemente armado. Agora tinha se tornado um assalto *com reféns*.

Não demorou para que eles começassem a gritar:

– Nós vamos matar os reféns! Nós vamos matar todo os reféns!

Aí eu pensei: *O que eu faço agora?*

Fizemos um perímetro. E *cercamos as duas únicas saídas do local*. Desta forma, os bandidos levariam a pior, pois não teriam por onde tentar fugir.

Enquanto a gente cercava o lugar, um funcionário que estava escondido em uma sala conseguiu sair, nos encontrou no portão e, assim que o levamos em segurança, nos deu a informação de quem era quem e de onde estavam dentro do galpão. Pedi para ele ficar ali ao nosso lado, para identificar quem era ladrão e quem era funcionário.

Enquanto o refém que escapou falava com detalhes sobre tudo lá de dentro, eu mandei buscar minhas caixas de bombas.

De gás lacrimogêneo.

Naquela época, eu tinha **aquelas bombas minivalazuis.** A gente batia uma delas na sola do sapato e começava aquele "Tziiiii-iiiiiiiii...." – som que indicava que ela já estava acionada, então era só mirar e lançar.

Aí, armei os "*presentes*" e comecei a lançá-los lá para dentro. Várias bombas. Uma seguida da outra. Era gás lacrimogêneo para todo lado!

Não demorou e as bombas começaram a explodir.

Nem dez minutos se passaram. Com algumas bombas explodidas, não *ficou nenhuma alma viva lá dentro do galpão*!

E qual, então, foi o resultado?

Começaram a sair todos que estavam lá dentro. Um a um.

Quem aspirava o gás chorava sem parar, porque em um local fechado, quando esse gás toca as mucosas, faz queimar a garganta, os olhos, tudo! Aquele que não está acostumado a respirar o gás dessas bombas não fica mais confinado nem fodendo...

Aquela bomba era infernal!

O primeiro que saiu pensamos que era um bandido, mas o funcionário que estava próximo de nós gritou:

– Esse é o fulano!

Aí saiu o segundo...

– Esse é o sicrano!

E assim sucessivamente...

Depois de ter sido libertada uma boa quantidade de reféns, saiu um cara armado. Para o "tudo ou nada!".

Naquele instante, o pessoal não vacilou: ele já foi "braseado" (baleado). Aquele se ferrou... Voltou correndo baleado para dentro do estabelecimento.

Ao mesmo tempo, outro vagabundo, dentro do depósito, já estava posicionado em uma janela alta e tentou nos alvejar pelo alto, se escondendo em um ponto que possibilitava a ele uma excelente visão do local onde estavam todos os policiais.

Aí eu ouvi o grito:

– Olha o cara lá em cima!

Naquele momento, **eu fiz a matraca[9] "cantar":** dei uma rajada de fogo nele, na direção da janela. *Foi bala voando para tudo quanto é lado!*

Fez uma estilhaçada danada no vidro.

Não o acertei, mas ouvi o grito:

– Caralho, eles estão com uma matraca!

No mesmo instante, na porta da frente, surgiram mais dois ou três homens. Eram bandidos e nenhum deles negou fogo... Puseram as armas para funcionar... E os policiais também... Só que não deu tempo para eles. Um deles foi alvejado antes que conseguissem acertar algum parceiro nosso. O outro correu para dentro.

Voltaram para o depósito...

... nós entramos junto!

Entramos com gás e tudo.

>> Viatura 0487 da qual foi usada na noite do tiroteio do depósito da Brahma.

9 Naquela época a PM não tinha armamento pesado. Só que possivelmente eles pensaram que, só porque eles estavam com escopetas, teriam sucesso. Quando eles viram que tínhamos uma metralhadora Beretta 9 milímetros, tenho certeza que deram uma "travada". Só porque eles estavam bem-armados não significa que não estivéssemos também.

Eu lembro que aquele galpão enorme estava todo acesso.

Continuamos seguindo, na parte do escritório. Chegamos à primeira porta.

Tinha um alemãozinho lá atrás da porta (escondido) que foi o nosso "anfitrião". Logo que a gente passou, fomos recepcionados com vontade: várias balas voaram em nossa direção.

A gente se escondeu e começamos a "*troca*".

Foi um tiroteio danado!

>>>>>>>>>>>

Tinha quatro bandidos. Devia ter, no mínimo, uns trinta policiais do lado de fora nessa ocorrência.

Na hora de "cair para dentro", alguns entraram pela porta frontal; outros, pela porta dos fundos. Outros, ainda, pelas janelas laterais. Parecia uma cena de filme toda aquela movimentação. Só que a cena era real. Não tinha nada de ficção...

Enquanto os homens foram entrando cada vez mais, os tiros eram ouvidos ecoando pelo galpão.

Nós íamos atacando, entrando, e depois socorrendo aqueles assaltantes que foram baleados.

Resumo desta ocorrência: dois bandidos baleados. E dois presos.

Os baleados morreram posteriormente, no Pronto-Socorro de Fraturas da Lapa, que era ao lado do depósito.

Nesta ocorrência, o Claudião foi ferido na mão.

Conseguimos resgatar todos os reféns ilesos, sem ferimentos.

Eram onze reféns.

Eu já tinha participado como apoio na troca de tiros em outras ocorrências, mas esta foi a primeira vez que eu participei mais ativamente e na linha de frente.

E uma coisa que eu nunca esqueço...

Estávamos no PS de Fraturas da Lapa (atualmente, no mesmo local, existe um supermercado).

Quando você mata um bandido que participa de uma ocorrência, é um costume ter que ir ao necrotério fazer a identificação e verificação do sujeito.

Os dois assaltantes estavam "*no mármore*" (aquelas mesas onde se colocam os corpos), com o sangue escorrendo, fazendo aquela poça avermelhada no chão.

Eu fiquei ali olhando aquele *pinga-pinga*.

Depois de uns minutos, falei:

– CARAMBA, HÁ QUINZE MINUTOS ESTES CARAS ESTAVAM VIVOSE TROCANDO TIROS COM A GENTE... E AGORA ELES ESTÃO MORTOS.

Aquela cena me causou um negócio estranho, porque eu não tinha visto aquilo ainda. E eu também não sabia se tinha sido eu ou não o autor do disparo, ou se somente ajudei, mas eu estava junto no tiroteio.

Neste momento, de fato, percebi como a vida *era efêmera*...

Em um instante como este é que se "cai na realidade" de como são as coisas.

Prosseguimos com a ocorrência, começou às 5 horas da manhã e foi terminar exatamente às 22 horas, finalizada no 23º DP das Perdizes. Como havia dois presos em flagrante, eu passei o restante do dia sem dormir. Adrenalina pura.

No dia seguinte, logo cedo, eu já estava em serviço de novo. E não só eu. Toda a equipe que participou da ocorrência. Ninguém faltava ao serviço.

Deste dia em diante, consegui um maior apoio da tropa – por causa da integração, do comando, do apoio, de estar no fogo com meus irmãos patrulheiros.

Passados catorze dias da ocorrência, um dos assaltantes conseguiu uma liberação da prisão na justiça.

2 BANDIDOS MORTOS NA CHUVA DE CHUMBO

Adelino Nelson Lozano e Romisson Calderon de Lima

O Del Rey BU-8722 roubado para o assalto

Foram quarenta minutos de cerrado tiroteio com estouro e bombas de gás lacrimogêneo e pânico total dentro de uma distribuidora de bebidas da Brahma, na rua Turiaçu, 2.077, nas Perdizes. Houve uma verdadeira chuva de chumbo grosso, que terminou com a morte de dois bandidos e prisão de outros dois. Um dos marginais conseguiu fugir no meio do tiroteio ainda antes de chegada de reforços.

Tudo começou às 5h30 quando os cinco bandidos invadiram a firma Pompéia Distribuidora de Bebidas, dominando os sete funcionários que lá se encontravam. Foram todos levados para os fundos sob a mira de armas inclusive um carabinote de cano serrado, calibre 12. O gerente José Almeida Nóbrega, de 53 anos, foi obrigado a abrir o cofre, de onde os marginais levaram 3 milhões e 100 mil cruzeiros. No sábado um carro-forte havia levado todo o movimento da empresa.

O fato é que a polícia chegou em cima, quando os bandidos iam saindo da distribuidora, já se preparando para a fuga no carro que haviam chegado, um Del Rey roubado. Esse carro foi apreendido.

Um cidadão que passava em frente desconfiou que algo estava ocorrendo dentro da firma e imediatamente entrou em contato com a Polícia.

Iam sair quando chegaram os policiais

A primeira viatura ao chegar foi a de prefixo RO—0487, comandada pelo tenente Paulo Adriano Telhada. Ao verem os policiais, os cinco assaltantes fizeram reféns, encostando as armas nos empregados e obrigando-os a retroceder. E gritavam que os matariam todos se os policiais avançassem. Os bandidos atiravam para fora e os policiais solicitaram reforços. Logo surgiram mais 17 viaturas da PM e mais 3 do Garra (policial civil).

Bombas de gás lacrimogênio foram lançadas dentro do depósito, quando os refens se aproveitaram para se livrar dos ladrões e se esconder entre os engradados de garrafas. Nessa altura o tiroteio se tornou violento. Balas para todos os lados.

Dois ladrões caem mortos e outros dois se rendem no meio do pânico e a densa fumaça. Entregaram-se Romisson Calmeron de Lima (30 anos) e Adelino Nelson Lozano (48 anos). Um conseguiu fugir no inicio do tiroteio por uma porta dos fundos, na avenida Pompeia. Somente um dos mortos foi identificado. Trata-se de João Francisco Cordeiro, de 26 anos. Do segundo não se sabe de seu nome, mas se informa que seria um ex-PM, que já cumpriu pena por roubo.

Os cinco assaltantes, todos perigosos

Todos os assaltantes contam com passagens pela polícia. São antigos cadeeiros envolvidos em numerosos assaltos. O Adelino, o de 48 anos, responde a 23 inquéritos policiais por delito de roubo e é bastante conhecido da polícia.

Nenhum refém recebeu ferimentos, porque quando a polícia mandou as bombas eles trataram de se livrar dos bandidos e se enfiarem entre os caixotes de bebidas. Sofreram de medo e tossiram muito no ambiente cheio de fumaça.

O cabo PM José Cláudio dos Santos foi o único a receber um ferimento leve na mão. Foi quando ele abriu um vitrô e se cortou. Foi medicado e dispensado.

O ladrão Romisson já participou de outro assalto nessa mesma firma. Segundo a polícia, a distribuidora de bebidas foi atacada por ladrões cinco vezes nestes últimos anos. Os dinheiro roubado foi apreendido.

O tiroteio atraiu a atenção de todo o bairro, com vinte viaturas cercando todo o prédio, que tem também outra saída na avenida Pompéia, além da entrada principal na rua Turiaçu, 2.077, por onde os cinco bandidos entraram e foram logo dominando os sete funcionários.

Esses quadrilheiros confessaram no 23.º Distrito Policial, onde foram autuados em flagrante delito, que tinha programado um grande assalto no Iate Clube de Ilhabela. O esquema estava preparado com a participação de dez assaltantes.

>> *Notícas populares.* São Paulo, terça-feira, 26 de novembro de 1985.

CAPÍTULO 1

ONDE TUDO COMEÇOU

7 de setembro de 1968.
Desfile de Independência. Vale do Anhangabaú.

Aquele dia começou com um sol de rachar. Um dia bonito mesmo, daqueles que a gente lembra quando criança.

Lembro-me de acordar e ir para a cozinha, onde minha mãe já preparava todas as coisas para mime meus irmãos, assim que nos levantávamos. Aquele som dos metais, das xícaras e dos pratos sendo mexidos era um dos sons que mais me agradavam. E ele me dizia, de forma inconsciente, que o dia tinha começado bem. Era um sábado. Um forte calor tomava conta do dia.

Levantei-me e segui o ritual de nossa família. O café de meu pai era o primeiro a ser servido. Em seguida, o nosso leite – o de meus irmãos e o meu. Os tradicionais pães com margarina para todos. Mamãe preparava tudo com muito zelo, enquanto meu pai fica por ali na cozinha, aguardando.

Foi quando meu pai, que era guarda, soltou no meio do café da manhã:

– Hoje é dia da Independência, e nós vamos no desfile no centro!

Eu não entendi muito bem o que isso era, pois era uma criança de 6 anos. O relógio da cozinha marcava 7 horas – em ponto.

Terminado o café, minha mãe foi me arrumar. Iríamos somente eu e meu pai, pois meus irmãos ainda eram muito pequenos. Para meu pai, que era policial, este dia era de grande orgulho: ter a oportunidade de ver o desfile cívico em homenagem à autonomia de nossa nação. Ele gostava de cada um dos detalhes: da banda que tocava os metais, dos soldados fardados, das formações, das apresentações. Era algo que enchia os olhos dele, de orgulho e brio de fazer parte de algo maior que si mesmo.

Saímos de casa. Rumamos para o ponto de ônibus. Aguardamos um tempo com outras pessoas também bem trajadas até que este passasse. Dez minutos depois, lá vem ele ao longe, levantando uma baita nuvem de pó. Subimos. E seguimos para o centro de São Paulo. A viagem demoraria algo em torno de trinta minutos.

Enquanto o ônibus ia fazendo seu trajeto, eu, pequeno que era, ia admirando pelas janelas as ruas, a paisagens, as casas, as pessoas que transitavam a pé pela rua, os bairros diferentes do que eu morava, enfim, ia notando a diversidade de São Paulo já naquele período. Com olhos curiosos e muito atentos, em silêncio eu observava tudo o que me cercava. Até mesmo algumas pessoas andando acavalo eram notadas por mim. Nada passava despercebido.

Chegamos.

Ponto da Praça do Anhangabaú.

Descemos.

Meu velho estava à frente, com um grande sorriso que não cabia em seu rosto. Dava para notar que meu pai estava feliz à beça com o evento. Seu silêncio não conseguia disfarçar seu entusiasmo, que era percebido até por mim, uma criança que presenciaria pela primeira vez algo desse tipo.

Tenho de mencionar uma coisa. Quando cheguei e observei aquele mar de gente, uma multidão que praticamente não cabia naquele espaço, aquela quantidade de pessoas fardadas, e das mais diversas corporações, eu tive uma surpresa muito agradável: eu me vi dentro das histórias de guerra de que tanto gostava quando criança. Os soldados, os uniformes, as pessoas, as medalhas, as honrarias, os pelotões, enfim, tudo aquilo me remetia aos assuntos de que sempre gostei nesta época – guerras! Foi uma surpresa muito agradável tudo aquilo. Eu comecei, mesmo sendo criança, a me sentir muito confortável com todo aquele ambiente, com toda aquela movimentação. E comecei a sorrir enquanto caminhava e meu pai buscava um espaço nas calçadas para que pudéssemos ver todo o desfile.

>> Insígnias militares recebidas ao longo da carreira.

Achamos um bom local.

Ali mesmo, em alguns instantes, iniciou-se o desfile. Pontualmente às 9 horas.

E, sem demoras, o Exército veio com sua banda entoando as marchas militares. Eu, avistando isso, comecei a amar tudo que ali estava acontecendo! A banda vinha caminhando, lentamente, e tocando. Eles pararam bem à nossa frente para dar passagem aos pelotões que vinham logo atrás. E quanto mais eles tocavam, mais eu me arrepiava com o hino que era repetido vez após vez. Eu só vim a aprender o hino anos mais tarde, mas, naquele dia, lembro-me de as pessoas ao meu redor repetirem, vez após vez: **"Ou ficar a pátria livre/ Ou morrer pelo Brasil..."**. Quanto mais elas cantavam, mais essa vibração, esse refrão, ecoava dentro de mim.

Em seguida veio a Bandeira do Brasil – linda e vigorante, preenchendo os espaços do Vale do Anhangabaú. Adiante, as bandeiras que representavam desde a época do Brasil Colônia até o Brasil República. A marcha cadenciada e firme dos soldados que as carregavam era algo imponente só de assistir! Eu, ali, em silêncio, observava tudo calado, e aproveitando cada um daqueles instantes que só aumentavam a minha expectativa do que viria a seguir.

Alguns militares e civis vieram guiados em carros abertos. Alguém anunciou que eram participantes da Revolução Constitucionalista de 1932. Estes senhores eram um dos tantos responsáveis pelos rumos da nação. Outros carros também passaram com senhores bem seniores.

Ao longe, começaram a vir as viaturas do Exército.

Jipes, caminhões, tanques de guerra... Tudo foi desfilando pela avenida.

Em seguida, os veículos da Força Pública e da Guarda Civil. Seus diversos batalhões. Suas viaturas. Seus cavalos. Era a coisa mais bonita de se ver... Aquela tropa azul desfilando com as polainas brancas no sapato... Era linda aquela visão!

Ali, fiquei sorrindo. Olhei para o lado. Todos estavam bem concentrados no desfile que acontecia. Aí, observei para meu pai. Ele estava vitrificado. Nem olhava para as laterais. Toquei em sua perna. Ele nem se atentou. Toquei mais uma vez em sua calça cinza. Nada. Dei, então, um leve puxão, pedindo atenção. Meu pai me olhou. Eu olhei diretamente para ele e disse:

– Meu pai, eu vou ser militar...

De repente meu pai respondeu:

– Larga a mão de ser besta, moleque! Deixa disso...

Meu pai, militar, me dizendo isso... Devia achar que era uma bobagem de criança...

Eu não respondi. Óbvio. Contudo, naquele instante, eu já tinha definido meu futuro para mim mesmo. Iria me esforçar, estudar bastante, preparar-me da melhor forma possível para ser parte daquilo que vi. Todo aquele cenário, toda aquela emoção, todo aquele sentimento de nobreza e de utilidade para a cidade, para o estado, para a pátria fizeram meu minúsculo e frágil corpo de criança sentir o gigante sentimento de poder fazer parte de algo maior do que eu mesmo.

Naquele instante, apesar da diferença de idade entre nós, eu entendi meu pai.

Era uma coisa honrosa. Dava orgulho.

Coloquei aquilo na minha cabeça.

Era o que eu ia querer para mim no futuro: ser militar.

>>>>>>>>>>>

A partir de 1969.
Na escola.

Depois da experiência que tive no desfile cívico, eu resolvi mudar minha vida. Passeia me programar para acordar mais cedo. Eu tinha um relógio daqueles de corda que fazem um barulho enorme quando chegam ao horário programado. Mesmo com 7anos, comecei a pô-lo para levantar uns quarenta minutos mais cedo do que de costume. Minha intenção era iniciar meus estudos antes de minha mãe levantar-se. Antes do café da manhã mesmo. Naquele instante em que estamos com o estômago vazio e a mente, depois de uma água gelada no rosto, consegue funcionar de uma maneira ótima.

Demorou um tempo até que eu me acostumasse! Mesmo assim, depois de umas três semanas, eu estava bem adaptado a essa nova rotina. Aí, meus estudos passaram a tomar maior importância na minha vida. Eu estudava antes do café e depois do café na escola; pela tarde descansava, fazia novamente minhas tarefas escolares e à noite normalmente eu ia à igreja. Ou seja, minha vida de criança se tornou um grande momento de estudos. Não à toa, em poucas semanas, comecei a me destacar como um bom aluno, tanto em nota quanto em comportamento. E procurava conseguir os melhores resultados da turma. E assim se seguiu até o fim do ano. Meus esforços começaram a mostrar o quanto os estudos seriam fundamentais nesta nova trajetória que eu havia escolhido. Mesmo com pouca idade, entendi o quanto a disciplina é fundamental para se chegar aonde se pretende. E os estudos são os responsáveis por pavimentar esse caminho até o objetivo pretendido.

Eu estudava bastante. Bastante mesmo. Mas também levava uma vida normal de menino da época, incluindo as brincadeiras de criança.

Com relação aos meus irmãos, vivíamos em "pé de guerra". Eram brigas e mais brigas... Mas só entre nós. Resolvíamos nossos problemas entre a gente mesmo. E pronto! – Coisas de moleques...

Lembro com clareza: a escola era próximo de casa. Lá na Rua Moinho Velho, no bairro da Freguesia do Ó. Dava para ir caminhando. O nome antigo do colégio era Grupo Escolar Mathias Aires – uma escola de periferia. Atualmente, chama-se E.E. Mathias Aires. Eu já estava com 7 anos de idade nesta época.

Ir para a escola era algo muito prazeroso para mim. Eu continuava com minha rotina de estudos – era bem caxias mesmo, o que hoje se chama de aluno aplicado. Da janela da minha sala, ao lado da qual eu me sentava, entre uma aula e outra ou entre o tempo livre de uma atividade, gostava muito de admirar um ponto bem lá longe, no Sumaré. Eu admirava aquela vista. Ficava observando e imaginando. A vista não tem nada de especial, mas gostava de ver as pessoas circulando através daquela grande janela e entrando nos prédios. E isso, para mim, como criança, era o que se podia ter de mais especial: eu achava o máximo quem morava em prédios! Para mim, se uma pessoa morava em apartamentos era sinal de que era riquíssima! E eu ficava ali, de dentro de minha sala de aula, vendo aquela movimentação toda de gente entrando e saindo dos prédios... Imaginando como esses indivíduos seriam, se eram muito ricos, como seria morar dentro de um apartamento... A mesma visão eu tinha ao olhar um avião decolando ou pousando. Essas situações me causavam um misto de ilusão e surpresa. Era uma visão infantil muito pura e ingênua que eu gostava de imaginar. Era uma forma de tentar entender o que era diferente daquilo que eu vivia.

Porém, nesta fase, eu senti uma das piores dores da minha vida.

Eu estava na escola. E já havia algumas semanas eu vinha sentindo uma dor bem atrás dos olhos. Mas neste dia foi cruel. Na aula de Matemática, a professora Lúcia estava explicando com bastante ênfase as operações aritméticas, as contas simples mesmo, giz na lousa e a explanação verbal. Ali, naquele instante, minha vista embaçou. Ficou distante. Começou a sumir. Tudo ficou bem longe. Eu pensei que estava com sono. Passei as mãos nos olhos, porém nada melhorou. Repeti o movimento. E nada. Começou a me bater um leve desespero. A lousa estava toda confusa, eu não conseguia enxergar com exatidão o que estava ali na minha frente. E, veja, eu me sentava bem nas primeiras carteiras. Ali, em um esforço sem sentido, tentei forçar a vista. Mesmo com dificuldade, consegui acompanhar a atividade. E assim foram se passando as aulas...

Até que chegou a aula de Português, do professor Geraldo. Minha cabeça estava doendo tanto, mas tanto, que parecia que havia uma faca atravessada em meu rosto, de um lado para o outro. A dor era insuportável mesmo. Tinha a sensação de que a cabeça ia explodir. E, quando eu chegava em casa, para que conseguisse melhorar desse estado de dor, eu precisava ficar em um quarto escuro por um bom período, até a cabeça parar de doer. Minha mãe não entendia muito o porquê de eu ficar no quarto todo fechado, mas, como a gente não tinha condições financeiras para ir até um médico ver o que o filho tinha, ali mesmo eu ficava até parar minha dor.

Até que um dia, aquela mesma professora, muito distinta (Lúcia), começou a notar que eu fazia um esforço muito grande para tentar assistir à sua aula. E ela, enquanto eu copiava tudo da lousa com muito capricho, parou ao meu lado e comentou:

– Paulo, você está vendo o que está ali escrito? – E apontou o dedo para uma parte do quadro negro.

Eu, ali meio que sem saber o que responder, falei:

– Professora... Só um instante... hummm.... Deixa eu ver...

Empenhei-me um bocado para ver o que ela estava ali tentando me mostrar. Ao me ver fazendo um grande esforço, facial e com os olhos, ela comentou:

– Paulo, você está sentindo uma pressão atrás da vista ou alguma dor?

Aquela mulher com ofício de professora foi mandada pelos céus! Só podia ser... Acertara de primeira o que eu estava sentindo! Eu respondi que "Sim" para ela. E a aula continuou.

Naquela mesma manhã ela própria entrou em contato com minha mãe – que precisou ir até a escola. E toda mãe que vai à escola a convite da professora chega lá preocupada... Ainda assim, essa adorável professora recepcionou minha mamãe e explicou que eu estava com grandes dificuldades para assistir às aulas e realizar as tarefas em sala. Pediu para que ela me levasse ao oculista a fim de resolver esse problema, sob risco de comprometer meu desempenho escolar e também me prejudicar futuramente.

Minha mãe saiu aflita da reunião, pois não teria como me levar tão rápido para fazer esse exame. Lembro-me de ir caminhando ao lado dela, saindo da escola em direção à nossa casa. Ela começou a apertar aqui e ali nos custos do dia a dia e, algumas semanas depois, nós fomos ao médico oculista. Ali eu descobri qual era meu problema...

Quando chegamos ao local, próximo do centro de São Paulo, em cima de uma ótica, nós adentramos e pedimos uma consulta. A moça do atendimento foi bem simpática. O médico veio com uma história de precisar "dilatar a vista". E lá fui eu, com um colírio que ardia horrores, ficar com a "vista dilatada" para realizar o exame. Bom, resumindo, **eu precisava usar óculos.** Tinha uma dificuldade de vista. E ali mesmo já pedimos para fazer meus óculos. Nunca tinha usado um negócio daqueles e achei bem estranho, para falar a verdade. Como fomos bem cedinho, minha mãe me levou ao colégio, para a segunda metade da aula. E eu lá, com minha vista dilatada...

Por sorte, quem estava na escola depois do intervalo? A mesma professora que fez a gentileza de avisar minha mãe e que ficou muito feliz de saber que eu estava cuidando da minha vista. Consegui acompanhar a aula normalmente. Só que havia um pequeno problema: eu não enxergava nada na minha frente... Comecei a fazer o exercício, vez após vez, mas sempre errava... E errava novamente... E mais uma vez... E outra... Fui ficando bravo... Cada vez mais irritado... Apaguei tantas vezes o papel cheguei a furar a folha de atividade que ela havia passado. Aí eu comecei a chorar! De raiva mesmo, porque não conseguia fazer a lição (que não era difícil). Todos os meus colegas podiam fazer e eu não.

Minha professora, com toda mansidão e jeito do mundo, convenceu-me de que eu não precisava terminara atividade porque minha vista estava dilatada. Foi duro de aceitar e entender, mas no fim eu abri mão da tarefa e contei com a compreensão dela. Afinal, se não fosse por aquela professora eu teria problemas mais graves no futuro.

Na maioria de minhas fotos quando criança eu estou de óculos. Eu os usei até meus 24 anos de idade, quando meu problema de vista foi resolvido.

>>>>>>>>>>>

Anos de 1970...
Outro dia na escola.

Eu não era o tipo atlético. Não era o cara escolhido primeiro para jogar futebol ou qualquer outra modalidade na Educação Física. Muito pelo contrário! Era sempre um dos últimos. Mas isso não me abalava não – para ser sincero eu nem me importava. O que me incomodava mesmo era quando tiravam sarro de mim por causa de minha religião... E neste ponto, em específico, eu fui alvo do que poderia se chamar atualmente de *bullying*. Nossa, como me alopravam na escola por eu ser evangélico! Eu era o alvo preferido e constante daqueles sarristas, dos meninos mais descolados do colégio, que andavam no meio de todo mundo. Tudo bem brincar e tirar um sarro, mas eu era pego para deboche de forma bem agressiva.

Poxa, aí é foda... Essa época foi bem difícil, porque as pessoas não tinham muita tolerância com relação à religião alheia ou ao que fosse diferente do praticado pela maioria. E eu estava no grupo da minoria, no grupo do diferente, no grupo que iria sofrer as brincadeiras sem graça que fodem com a vida de um adolescente que está em formação... E o episódio que relato a seguir me marcou muito.

As aulas haviam acabado naquele dia. Levantei e arrumei o espaço onde eu estava. Saí por dentre as carteiras. Ali, passando pela porta junto com meus colegas, vi os outros alunos que saíam das salas. Ia conversando alguma banalidade com meus amigos, algo sobre a aula ou as brincadeiras que teríamos pela tarde, na rua. Afinal, já era hora de eu ir para casa. Ali mesmo na saída, sempre tinha umas paquerinhas nas portas das salas, umas trocas de olhares, uns "namoricos". Eu, apesar de introvertido, olhava para as meninas, mas nunca tive coragem de fazer algo além de olhar. Falar com elas? Jamais! Eu parava por ali mesmo – no olhar. E, de vez em quando, recebia uns olhares também. Eu não era um rapaz que me destacava no critério de beleza. Naquele dia, eu estava saindo do colégio. E, sempre havia o pessoal da "turminha do barulho", dos agitadores: normalmente, os "populares" do colégio. E aí, resolvi ser um pouco mais ousado: enquanto eu saía, fiquei paquerando uma mocinha da sala da frente. E ficamos ali, um olhando para o outro enquanto caminhávamos. Como mencionei, eu era tímido. Neste dia, porém, estava me superando! Eis então que ocorreu um detalhe daqueles que nos pegam de surpresa: o Beto, que era um babaca, notou que a gente estava rindo, naquela brincadeira de olhar por cima do ombro, e gritou lá de longe, já perto da calçada:

– E aí, Paulo... Tá paquerando, né... Eu não sabia que você namorava...

Eu já fiquei vermelho e ansioso... Mas o danado continuou:

– Então esse negócio de religião aí que você mostra é só fachada, né? De ser quietinho, "CDF" e tudo mais... Você é um daqueles "crentes de rabo quente"!

Risadas. Muitas delas. E o pessoal ao lado dele estava tirando o maior sarro. Os rapazes e as meninas da rodinha. Eu queria cavar um buraco e colocar a cabeça dentro, no asfalto mesmo. A menina com quem eu estava flertando ficou bem sem graça... E eu, sem graça nenhuma.

E o abençoado continuou:

– E aí, Paulo... Não sabia que crente era boa gente...

E mais risadas. O pessoal estava caçoando bastante de mim...

E ele soltava uma tirada, para me jogar para baixo mesmo, vez após vez:

– Ô, Paulo, pede para seu Deus te ajudar a não ser tão idiota assim como você é!

Não era a primeira vez que isso acontecia. Muito pelo contrário! Essa era uma das tantas vezes que eu fora alvo de brincadeiras de mau gosto. Sempre fui caçoado no colégio por causa da minha escolha religiosa – desde criança. Mas, puta que pariu, naquele dia, que eu estava ali me divertindo e sendo correspondido? Era tão difícil isso acontecer! Aí, não deixei essa passar! Soltei logo uma resposta daquelas bem invertidas:

– Sou crente sim, Beto... E meu Deus é muito bom comigo! Tão bom que ele não me deixa ser um palhaço mimado como você!

Aí, perdi minha timidez...

... e continuei:

– Você só zoa os outros porque tem um monte de babacas aí para rir das suas idiotices...

(*Sensação de alívio.*)

Hummmmm... Soltei!

E soltei com vontade tudo o que estava preso ali na minha garganta! Sem pensar no depois...

Algumas pessoas que estavam na rua começaram a olhar para o Beto e seu grupinho, e ali mesmo passaram a rir dele. E do grupo com o qual ele estava. Alguns jovens ao redor fizeram burburinho, do tipo "Hummmm...", meio que tirando um sarro dele e dos seus babacas seguidores pela minha resposta atravessada.

Eu só me lembro daquela molecada vindo toda na minha direção.

Comecei a suar frio naquele instante.

Pareceu que o tempo tinha parado. EU consigo ver essa cena em câmera lenta... Passo a passo. Todos com o rosto fechado. Nem um pouco animados por terem sido alvo de ridículo em público. Mas, poxa, convenhamos, ele zoou com minha religião... Eu não podia deixar passar durante toda a minha vida...

E ali mesmo, bem na minha frente, a alguns centímetros de distância, o Beto perguntou de forma marrenta:

– O que foi que você falou? Repete...

Antes que eu pensasse em qualquer coisa, comecei a tomar alguns empurrões. No meio do empurra-empurra que eu estava sofrendo, começaram a vir os tapas, os socos, os pontapés... Poxa vida... Tomei a maior surra da minha vida na frente do colégio! Voava tabefe de todos os lados e eu nem sabia o que fazer... Fiquei ali, tentando sair daquela chuva de bofetadas que eu estava tomando... Olha, doeu pra cacete! Fiquei uns minutos ali sendo alvo de injustiças e do excesso de força: eram quatro pessoas me espancando... Não tinha nem o que fazer, a não ser apanhar...

Bom, apanhei. Bastante inclusive. Apanhei porque não aguentei mais ser alvo da intolerância religiosa que já existia naquela época – e da qual eu fui alvo mais de uma vez durante minha vida escolar. Apanhei porque resolvi me manifestar. Apanhei porque não resolvi me calar. Apanhei porque acredito na minha crença e na minha fé, mas as pessoas fazem questão de prová-la. Apanhei porque não sei ficar quieto quando sou vítima de minha própria crença religiosa. E, principalmente, apanhei porque quis contestar aquilo que eu acreditava que precisava mudar.

>>>>>>>>>>>

Passados alguns dias da minha surra...

Meus irmãos e eu éramos muito agitados. Quando não estávamos brincando, estávamos brigando. Era assim mesmo: ou fogo ou água. Sem meio-termo. E, naquela tarde quente dos anos de 1970, brincávamos em casa. Minha mãe não havia dos deixado sair para a rua naquela tarde. Só que mamãe estava trabalhando (com três crianças dentro de casa), utilizando a mesa da cozinha, marcando as roupas com giz para fazer os cortes e costurar para fora. Era uma forma de renda extra. Enquanto ela marcava, nas beiras de tecido colorido que desciam pela mesa, meus irmãos e eu ficávamos ali embaixo, brincando de cabaninha. A imagem da cabana que fazíamos é muito viva em minha memória. E era muito bacana ficar ali brincando. A tarde passava em brincadeiras de infância que nem a víamos passar...

Só que mamãe precisou ir ao armazém comprar mais tecido. E aí é que melhorou nossa tarde!

Mamãe saiu e falou:

– Paulinho, cuide de seus irmãos... Vou ali buscar mais tecidos e já retorno!

E eu, na maior da inocência, respondi:

– Claro, minha mãe... Pode ir que cuido de tudo por aqui.

– Ah, e se vocês brigarem ou eu chegar aqui e tiver alguma coisa quebrada ou alguém chorando... vocês vão se ver comigo!

Minha mãe era pequenina em estatura, mas brava como um leão quando se tratava dos filhos. E, quando não alcançava a gente, ela utilizava do seu "temido chinelo voador". Ou seja, se não nos alcançasse, normalmente o seu chinelo nos pegava... Era uma questão de mira mesmo. E o pior é que ela não errava! Então era melhor obedecer mesmo e continuar sem apanhar. Ser o filho mais velho significa cuidar, sempre, dos mais novos. E ali eu cuidaria de todo mundo – durante os próximos minutos. Muito possivelmente não aconteceria nada de mais naquele tempo. Eu acreditava que não...

Até que o Cláudio arrumou uma bola. Uma bola de meia[1]. Aí começamos a jogar na sala mesmo – coisa de criança. Três crianças em uma sala já apertada jogando bola de meia? Dá certo isso? Claro que não! Não demorou muito para um de nós chutar a bola com tudo e conseguir quebrar o vidro da porta de entrada. Pronto! Era tudo deque eu precisava! Mamãe havia pedido para eu cuidar de tudo e quando ela chegasse teria um vidro a menos na porta de entrada. E o pior é que a prova estava lá fora... A bola de meia ficou do outro lado! Foi então que eu, com muito cuidado, fui lá, quebrei o restante do vidro com um martelo de moer carne, afastei meus irmãos, peguei todos os caquinhos e joguei fora. Não contente, saí de casa pela porta já quebrada e peguei a bola de meia. Ali, a surra de mamãe já era líquida e certa! Só tentei amenizar a "cagada". Meus irmãos já estavam com cara de choro, antes mesmo de ela chegar. A alegria da partida de futebol na sala cedeu espaço para a apreensão das chineladas que viriam em seguida.

Como não podíamos ficar mais tristes, eu sugeri:

1 Bola de meia era uma bola formada por diversas meias que, unidas, não se soltavam.

– Vamos brincar de motorista?

E meus irmãos todos toparam. Começamos a nos posicionar.

Aí, começou outro episódio interessante.

A brincadeira passou a tomar corpo. Estávamos correndo pela sala, imitando ora um motorista de ônibus, ora um maquinista. A preocupação por ter quebrado o vidro já tinha passado...

... quando mamãe chegou. De surpresa.

Ela abriu o portão sem notarmos.

Ao entrar, nós estávamos brincando. Bastante.

Cláudio era o maquinista. Eu e meu outro irmão estávamos ao lado, como se fôssemos os trilhos do trem.

Minha mãe abriu a porta – vagarosamente, como se pressentisse que teria uma grande surpresa. E foi exatamente o que ela encontrou.

Cláudio estava sentado em cima da Frigidaire branca de mamãe (uma geladeira comum dos anos de 1950), imitando um maquinista, e meu irmão e eu continuávamos a brincadeira. Olha... mamãe ali da porta mesmo já ficou descalça... Deu um grito... Cláudio desceu feito um esquilo da geladeira – rápido e com uma habilidade que nem mesmo ele sabia ter. Nós começamos a correr pela casa, tentando fugir do "chinelo voador", que tomou os ares da cozinha e da sala. Fomos dormir de "bunda quente" naquela tarde. Felizes porque brincamos muito. E tristes porque mamãe não gostou muito das nossas brincadeiras...

CAPÍTULO 2

O DIA EM QUE PASSEI NA ACADEMIA

8 de dezembro de 1978.

Casa de minha mãe. Vila Picinin.

No dia anterior eu praticamente não consegui dormir. Naquela noite, eu estava deitado na cama, olhando para cima. Para o teto mesmo. Não conseguia pregar os olhos – de jeito nenhum. Não sei se por causa do encontro na igreja, que tinha sido maravilhoso, ou pelo resultado da Academia do Barro Branco, que sairia no dia seguinte. Eu acredito que era pelo segundo motivo. A noite estava supertranquila – nenhum veículo ou pessoa passava pela rua. E eu, deitado próximo à janela, parecia um zumbi. Já eram 2 horas da manhã.

A partir das 8 horas, o resultado já estaria disponível. E, caso eu tivesse passado, daquele instante em diante minha vida iria mudar consideravelmente. Na verdade, iria mudar de forma radical. Desde pequeno eu queria ser militar e agora era a minha oportunidade. Se não entrasse dessa vez, não sei o que iria fazer da minha vida... Entre os diversos pensamentos que passavam cada vez mais rápido pela minha cabeça, em algum momento consegui relaxar. E apaguei.

Tic-tac. *O relógio tocou fortemente.*

Acordei. Abri os olhos. Estava com um vigor fora do comum. Um sentimento bom fluía dentro de mim. Uma animação que não consigo descrever.

O sol entrava de forma sutil na sala e iluminava o sofá.

Eu acordei antes de todos. Comecei a me preparar para sair. Ao terminar de me arrumar, minha mãe já estava organizando as coisas pela manhã. Ela tinha costurado até mais tarde na noite anterior e eu conseguia notar o quanto estava cansada ainda. Porém, ali estava ela, cuidando de seus filhos – independentemente do cansaço ou das demais tarefas. Todo dia cedo, mamãe estava lá para nos acudir, mesmo quando já estávamos crescidos.

Naquela época, eu já trabalhava como office boy na ótica da Lapa. Estava na cozinha de pé com minha mãe, conversando com ela:

– Mãe, hoje quase que não durmo...

– É, meu filho! Hoje é seu dia...

– É, minha mãe... hoje é o dia! Vamos ver o que acontece...

E ali, naquele instante, eu vi uma das poucas coisas que os filhos notam e que mudam o ritmo de seus dias – quiçá de suas vidas: no olhar de minha mãe havia um brilho especial, um olhar bem vívido, que demonstrava uma certeza, uma esperança jorrando dele e refletindo em sua face. Ali, minha mãe estava calma, serena, com uma paz celestial. E eu a observava. O tempo parou. Não sei ao certo o que aconteceu, só sei que minha mãe se transformou na figura da esperança revisitada, do novo, na mansidão e no que a vida poderia vir a me oferecer. Eu, em silêncio, a admirava. De uma forma única. Aquele dia nunca mais saiu de minha mente, e ficaram guardadas em meu coração as palavras que ela disse logo após eu me alimentar para tomar o ônibus e seguir para meu trabalho na Lapa:

– Filho, coloque Deus na frente... Tenho certeza de que Ele irá proporcionar aquilo que melhor tenha de ocorrer em sua vida...

– Obrigado, minha mãe...

>> Portão das Armas. Academia de Polícia Militar do Barro Branco. 1981.

E ali, naquela cozinha simples de um bairro de periferia, minha mãe, mesmo pequenina em estatura, beijou-me na testa, mostrando a grandeza do sentimento materno e da preocupação de uma mãe com seu filho.

Saí revigorado de casa.

Fui para meu serviço na Rua Dronsfield, onde trabalhei até o início da tarde. Em seguida, peguei um ônibus e fui até a Avenida Água Fria, 1.923 – endereço da Academia de Polícia Militar do Barro Branco.

Fui pensando em toda a minha trajetória até chegar aquele momento.

Naquele instante, eu me dei conta do que poderia vir a acontecer comigo. Em uma operação mesmo, na rua, em uma ocorrência, eu acreditava que o treinamento devia ser bem claro: prender antes – **só atirar em caso de resistência**.

Eu somente olhei para meu irmão. Fiz como se não soubesse com a cabeça.

– Mas, Paulo, e se você tiver que matar alguém?

Naquele instante, minha moral religiosa falou mais alto. Corria o risco de em uma situação extrema eu ter que ser letal, ou seja, precisar puxar o gatilho mais rápido e com mais precisão do que a pessoa que estivesse à minha frente. Senti o coração apertar... Poxa... Ter que tirar uma vida!? Como assim? Eu sabia que isso fazia parte da profissão, mas nunca imaginei que eu teria de fazer isso...

Naquele mesmo instante, o ônibus chegou ao ponto de parada...

... e desci para ver qual seria o meu destino.

>>>>>>>>>>>

Dia do resultado – Água fria

O ônibus parou.

Desci no ponto em frente ao portão da Academia de Polícia Militar.

A ansiedade me rasgava. Eu estava com uma baita expectativa de mudança da vida morna que eu levava. A partir dali, tudo poderia ser diferente... ou não... A vida poderia continuar da mesma forma: pacata e rotineira.

Corri para o mural, no qual estava afixada a relação dos aprovados.

Já estava cheio de gente.

Fiquei distante, acompanhando o movimento. Preferi não me enfiar no monte de pessoas que procuravam seus nomes.

E lá estava eu, rumando para aquela confusão toda!

Dali, daquela multidão que se acotovelava e brigava para ver as fichas impressas, eu saí. Lembro como se fosse ontem: eu estava a uns cinquenta metros de distância. Caminhei. Consegui me achegar no mural.

Procurei meu nome.

E, daquela aglomeração, eu saí com um baita sorriso no gosto:

– Passei! Passei, porra! Tô dentro!

Saí correndo, pulando, comemorando, dando socos no ar – parecia um jovem que ganhou o melhor presente da vida ou a viagem dos sonhos. Não cabia em mim de felicidade!

>>>>>>>>>>>

Voltei para o ponto de ônibus. Aguardamos mais trinta minutos. Eu não cabia em mim de alegria. Já havia tempo que eu estava com isso na cabeça e agora o sonho tinha se tornado realidade.

O ônibus parou.

Vila Picinin.

Corri para minha casa – coisa de moleque. Moleque feliz da vida.

Abri o portão.

Pela forma de abrir o portão, mamãe já sabia que era eu.

Ela foi até a porta. Pelo meu ar de alegria, já sabia do resultado:

– Meu filho... Deus o abençoe! Você conseguiu... Parabéns, meu filho...

Uma lágrima correu de seus olhos. Eu enxuguei com carinho. Sua alegria parecia maior que a minha. Mãe sempre será mãe...

– Que você tenha muito sucesso nessa sua nova caminhada, Paulo... E que Deus te proteja sempre...

Mamãe estava muito feliz. Ela tinha orgulho do seu primogênito. E esse sentimento, nobre quando para coisas positivas, fazia eu me sentir um filho bom, um filho que conseguiu honrar os esforços da família para criá-lo. E era assim que eu estava naquele instante.

Minha mãe comentou:

– Paulo, vá lá e conte para seu pai. Vai lá!

E, seguindo os conselhos de mamãe, lá fui eu. Para o Batalhão onde meu pai trabalhava.

Eu olhei para o Cláudio e ele já entendeu. Em seguida, já comentou:

APM divulga a lista dos nomes aprovados

Uma das cerimônias de formatura da APM

A Academia de Polícia Militar do Barro Branco da Milícia Bandeirante, divulga a relação dos aprovados nos exames, que deverão manter-se em contato permanente com a Academia, para regularizar a documentação exigida e ultimar os preparativos para o início do ano letivo. Os cursos preparatório e de formação de oficiais terão início às 8 horas do dia 29 de janeiro.

APROVADOS PARA O CPFO

Adauto de Oliveira; Antonio Luiz Bazelo; Antonio Carlos Chagas de Assis; Ademir Ferreira Furtado; Amauri Chaves Arfelli, Antonio Marcos da Silva; Antonio Marin; Antonio Vaz de Oliveira; Armando Reis Filho; Antonio Carlos Lonel; Atanael Roberto Anderson; Carlos de Carvalho Junior; Celso Rodrigues da Silva; Cícero Augusto Gagliardi; Carlos Eduardo Massarini; Cesar Augusto Luciano Franco Morelli; Claudemir Mauro Alcarria; Carlos Roberto Hermesdorff; Carlos Eduardo Facchini Bocchi; Edison Aparecido de Araujo; Eber Branco de Almeida; Eduardo Espósito; Ewandro Pogerio Goes; Donizete Vieira Coelho; Francisco das Chagas Ramalhães de Souza; Gilmar Aparecido Landin; Glauco Vinicius Leite do Prado; Helenildo Isaias da Silva; João Augusto Leão Garcia; Jair Rodrigues de Camargo; João Carlos Farias Santos; José Luiz Martins Navarro; José Luiz Sanches Valentim; José Paulo Marcolino Rosa, José Gabriel de Santana; Jorge Lourenço; José Santos Belmonte; José Armando Alencar; José Roberto de Castro; José Messias Pessoa; José Feitosa dos Santos, Leonardo Meizikas; Leonardo Torres Ribeiro; Luiz Fernando Schumacher; Lourivaldo Pereira de Souza; Marcos Antonio de Almeida; Marcos Roberto Chaves da Silva; Marcos Casaretto; Marcos Fernando Saraiva de Mattos; Mario Augusto Burdulis Lanzilotti; Morivam Pereira de Araujo; Nilso Aparecido Zanfolin; Orlando Alves Cordeiro Filho; Paulo Roberto de Castro; Paulo Adriano Lopes Lucinda Telhada; Roberto José Tavares; Renato Pyukiti Sanomya; Roberto Pezzotti Schefer; Ricardo Fernando de Barros; Roberto da Silva; Romesnir Aparecido Borges Lima; Rubens Martins da Silva; Sergio Frazão Pinheiro; Sidney Pereira de Oliveira; Sergio José Carrari; Sebastião Cabral Camargo; Sebastião Magalhães; Silvio C. Silva Mendonça; Wlademir Viveiro; Wagner Pereira; Wagner Quarterone; William Salles e Valdir de Oliveira.

– Vamos lá, Paulo... Vamos ver o pai e dizer que você passou... Acho que ele vai ficar feliz por você.

Eu também achava que ele ficaria feliz por mim. Afinal agora, de alguma forma, eu seria um colega de trabalho de meu pai. Naquele instante, senti orgulho de mim mesmo.

Eu consegui, porra!

>>>>>>>>>>

Encontrando meu pai

Av. Francisco Matarazzo – próximo do túnel do Minhocão.

Aquele dia prometia! Eu não me cabia em mim de felicidade.

Estávamos Cláudio e eu em um ônibus, rumando para o Batalhão a fim de falar com meu pai. Eu não podia esperar para dar a notícia a ele. Desta forma, fomos para a Zona Oeste, bem próximo do final do Minhocão, saindo na Avenida Francisco Matarazzo. Ali, naquela época, havia um casarão antigo, que era a unidade militar na qual meu pai prestava serviço.

Era um Batalhão de Policiamento de Trânsito. Hoje esse prédio não existe mais – deu lugar a um estacionamento.

Meu pai começou servindo no policiamento. Mas não se encontrou na função. Até que um dia foi transferido para o serviço de Trânsito – e ali ele se realizou. Conseguiu se encontrar profissionalmente. Meu pai era aquele sujeito que ajudava as crianças a atravessar a rua, que cuidava do movimento de veículos na frente dos colégios e organizava tudo – tanto na entrada quanto na saída – para que nada acontecesse com os alunos, pais, passageiros e veículos. Enfim, papai era o cara do qual meus irmãos e eu tínhamos orgulho pela figura que ele representava – tanto em nossa família como no trabalho: um profissional que cuidava da comunidade.

Descemos do ônibus.

Caminhamos naquele baita sol de fritar um ovo no asfalto. Valia todo o esforço! Meu pai com certeza iria dividir essa conquista comigo. Em cinco minutos, chegamos ao portão do casarão.

Logo na entrada, uma sentinela, com olhos grandes e escuros, um grande bigode, nos abordou:

– O que vocês estão procurando aqui?

Cláudio e eu nos entreolhamos. Aí eu já não perdi tempo e falei:

– Viemos ver o soldado Telhada. Somos filhos dele.

O soldado nos mediu. Dali, ele gritou com toda a garganta como se fosse para o Batalhão todo ouvir:

– TELHADA! TELHADAAAA!

Lá no fundo, no final do Batalhão à direita, eis que surge uma cabeça na porta. Era meu pai. A sentinela continua:

– O rapaz aqui tá falando que é seu filho. É mesmo!?

Meu pai gritou lá do fundo:

– Sim! Pode deixar entrar...

Aquele mesmo sujeito que estava na entrada nos permitiu entrar.

Cláudio e eu fomos na direção de onde meu pai estava. Seguimos em frente naquele corredor. Logo que entramos, vimos uma sala ampla com algumas mesas. Nestas, diversos papéis – um pouco desorganizados mesmo. Pareciam multas ou ofícios... Enfim... O ambiente era fechado, com poucas janelas e nenhum ar-condicionado. Aquilo era um forno desgraçado em dias quentes como aquele. Diversos outros soldados ali estavam. Uma mesa mais ao fundo, um pouco maior e organizada, sugeria que aquele era o oficial de plantão. Meu pai, com um puta ar de preocupado, começou a nos perguntar afobado:

– O que aconteceu!? Tudo bem com vocês? Por que vocês estão aqui?

Cláudio conseguiu transmitir um pouco mais de calma para meu pai naquele instante:

– Não aconteceu nada, pai... Fique tranquilo... Estamos aqui para falar algo bom... O Paulo vai te contar.

Naquele instante decisivo, eu me enchi de alegria. Iria falar para meu pai que agora eu iria entrar para a Academia de Polícia e que em breve nós seríamos colegas de trabalho! Tem orgulho maior para um filho de policial falar isso para seu pai? De maneira simples, mas com ênfase, soltei as palavras em alto e bom tom:

– Pai, passei na Academia do Barro Branco. Estou dentro!

Meu pai congelou. Não esboçou nenhum tipo de reação.

Ali mesmo, naquela sala, os outros soldados também ouviram meu comentário. Naquele instante, a maioria deles começou a se levantar e ir em minha direção, para me cumprimentar:

– Parabéns!

E outro:

– Aí sim, Telhadinha... Muito sucesso para ti!

E mais um:

– Aeeee, garoto... Parabéns, futuro oficial!

E ainda mais lá no fundo veio o comentário:

– Aí sim, hein! Agora o Telhada vai ter um filho oficial... Parabéns, garoto! E parabéns para você, Telhada... Que orgulho, hein, cara!

Veio outro comentário:

– Aí sim, hein, Telhada! Vai ter que prestar continência para seu filho daqui pra frente, hein!

Todos na sala riram. Com vontade. E bem alto.

Meu pai ficou vermelho feito um pimentão.

Ele deu uma risada sem graça por cima do ombro direito.

Puxou eu e meu irmão para fora da sala, a uma distância segura da porta. Ele estava nos segurando com mais força do que o necessário para guiar alguém pelo braço.

Aí, neste instante... eu vejo como se fosse agora. Nunca esqueci isso: meu pai sério, com um olhar fulminante, vermelho e com a face sisuda, gritou para mim:

– Você veio aqui para me humilhar, é? Era isso que você queria?

Puta que pariu...

Não acredito que consegui causar esse embaraço para meu pai!

E não acreditava, principalmente, que meu pai estava me falando aquilo em um dia tão especial para mim. Só podia ser brincadeira...

... mas não era.

E ele continuou:

– Se você acha que pode vir aqui e me caçoar na frente do meu Batalhão, não precisava nem ter vindo! – E seguiu em seu discurso arrogante: – Agora, Paulo, por causa disso, vão me zoar para o resto da vida... Façam o seguinte, você e seu irmão: deem meia-volta e caiam o fora daqui.

Eu olhei para meu irmão. Cláudio, sério, sem entender nada, olhou para mim também.

Demos a volta. Seguimos rumo à saída.

Deixamos meu pai esbravejando.

Saí dali decepcionado.

Muito triste mesmo.

Comigo.

Fomos em silêncio, de volta para casa. Todo o caminho.

Quando chegamos, minha mãe notou meu ar de desolação. Sem esperar eu dizer qualquer coisa, o sentido materno de mamãe falou mais alto:

– Filho, o que aconteceu?

Expliquei o ocorrido para minha mãe. Parte a parte, com detalhes.

Ela, como sempre, me confortou:

– Não se preocupe com o que o bobo do seu pai fala, meu filho... Desconsidere essa atitude dele.

Ali, fiquei um pouco mais reconfortado. Minha mãe tinha esse talento, esse dom divino de me acalmar quando minha paz estava abalada. Ali mesmo, serenei com suas palavras e seu abraço materno.

Mamãe vibrou – por tudo. Meu pai se afastou – não comemorou a minha vitória. Desta forma eu percebi: a alegria de uma pessoa pode não ser a de outra.

CAPÍTULO 3
A PROMESSA

Meados de fevereiro, 1987.

Época de Carnaval. Momento de alegria e comemoração.

Eu lembro que acordei bem naquela manhã. O cheiro do café adentrava o quarto, mostrando que Ivania já havia levantado. Assim que percebi, levantei-me devagar. Descalço mesmo, segui em direção ao banheiro e fui tomar um banho, antes de ir até a cozinha. A cabeça já estava a mil, pensamentos que não paravam, logo de manhazinha.

Peguei a toalha. Um banho calmo me ajudou a relaxar um pouco.

Quando cheguei à cozinha, redescobri um dos meus maiores motivos para continuar, mesmo com a dificuldade que eu estava vivendo: Ivania. Seu carinho, zelo e sorriso logo cedo, quando seus lábios pronunciaram um suave "Bom dia, meu amor...", já foram o suficiente para que eu sentasse mais calmo à mesa e tomasse aquele café maravilhoso que exalava seu aroma na casa toda.

Meu filho estava ali, ao lado, na mesa. Rafael tinha somente alguns meses de vida. Enquanto Ivania preparava as coisas, eu olhava para ele e tocava em sua mãozinha. Tão delicada e macia! E ele sorria, com o mais puro e leve olhar angelical que um bebê pode apresentar. Naquele instante, eu me senti o homem mais sortudo do mundo, por ter uma mulher que me ama de verdade e um filho que faz eu lembrar e sentir toda a sutileza de ter um ser tão pequeno e tão frágil para cuidar. Um ser que precisará de mim. Sempre.

Alegria de Carnaval. Eu não tenho nenhum bom motivo para comemorar...

Comecei a repassar como foi meu dia anterior. Mentalmente, somente comigo mesmo. No meu silêncio. E ali eu vi o que estava acontecendo na minha vida...

No dia anterior, precisei sair para um compromisso com meu Fusquinha. A minha ida à igreja é essencial. E, rodando normalmente, como sempre faço, sem nenhum motivo em especial, o pneu furou. Não tinha nada no caminho. Simplesmente furou. Eu, meio triste, desci e analisei a situação. Não havia o que ser feito. Eu precisaria trocar o pneu. **O problema é que, mesmo eu sendo tenente da ROTA, eu não tinha um puto no bolso para poder trocar o pneu.** Não tinha nada! A hiperinflação vinha corroendo nosso ordenado e o congelamento dos salários no estado de São Paulo não ajudava nem um pouco o trabalhador da época. Aí, indo de um lado para o outro ao lado do carro parado na rua, decidi colocar meu estepe. Por sorte ele estava lá. Mas um pequeno detalhe: estava furado! Tive que rodar com o estepe furado mesmo até o meu próximo destino...

Enquanto eu dirigia o Fusquinha, fiquei pensando como eu poderia ganhar mais para resolver essa situação que eu estava passando. No meu dia de folga aconteceu tudo isso... Mas, enfim, não esmoreci. Enquanto eu ia guiando aquele volante duro com o carro "borrachudo", lembrei que meu cunhado me daria uma força em alguma eventualidade, pois sempre se deixou à disposição caso fosse necessário. Rumei, então, direto para a casa dele.

Assim que lá cheguei, conversamos– 10 minutos de conversa. Saímos de ônibus e fomos para o posto policial da Lapa, o 4º Batalhão, encontrar um conhecido em comum: o "Rei dos Bicos". Esse era um cara do bem, que sempre tinha trabalho para quem precisasse trabalhar. Como eu necessitava de uma renda extra, seria a melhor pessoa para conversar. Estávamos indo ao local certo falar com a pessoa correta.

Descemos em frente ao Mercado da Lapa.

Avistamos o nosso colega em comum.

– Fala, Telhada! E aí, rodando por aqui?

– Sim, estou... E preciso falar contigo... Eu estou precisando fazer uns bicos para arrumar uma grana. Estou numa situação bem desesperadora... Estou até sem dinheiro para comprar leite para o Rafael... Ainda está com aqueles trabalhos contigo?

O "Rei dos Bicos" era praticamente uma agência de empregos de um homem só. Ele tinha uma quantidade absurda de trabalhos, desde segurança pessoal ou em estabelecimentos comerciais, danceterias, e até mesmo em empresas de transporte de valor! Tinha para todos os perfis e níveis de trabalho. Bastava querer trabalhar.

Mas nesse dia ele respondeu:

– Porra, Telhada... os bicos que eu tinha já passei para o pessoal... Mas, cara, se você quiser, eu te empresto uma grana.

Emprestar uma grana?, pensei comigo. Pegar uma grana emprestada não vai resolver meu problema... Eu vou ficar devendo para outra pessoa. Aí não daria certo. Não ia resolver meu problema – só iria transferi-lo. Como sou meio orgulhoso (e não teria como pagar depois), agradeci e recusei:

– Obrigado, cara, mas grana emprestada eu não quero não...

Meu cunhado foi para seu compromisso. Ali mesmo nos despedimos. E eu entrei em um dos dilemas mais difíceis da minha vida...

Comemoração de Carnaval. Um dos momentos mais filhos da puta que já vivi até hoje...

Meu primeiro dilema: não tinha dinheiro para a condução. Ou eu voltava de ônibus ou comprava o leite para o dia seguinte. Resolvi ir a pé para casa. Comecei a subir o viaduto – pensativo. Ali, enquanto eu caminhava, o céu estava encoberto por nuvens pesadas. E ia pensando comigo mesmo no que eu estava passando. A cabeça parecia que ia explodir, de tantos pensamentos ao mesmo tempo.

Pequenas gotas caíram do céu.

(*Sons de nuvens chocando-se umas com as outras.*)

O céu escureceu um pouco mais.

As gotas começaram a encorpar, a cada instante que se passava.

Eu continuava meus passos.

Cheguei à altura da Ponte do Piqueri.

Olhei ao meu redor.

Algo fui subindo pela minha garganta. Num impulso, olhando para cima, eu pensei: *Puta que pariu! Mas que bosta de situação! Eu não tenho dinheiro para nada...*

Olhei ao meu redor, como seu estivesse procurando algo, e segui no pensamento: *Eu sou tenente da ROTA há oito anos e não tenho dinheiro nem para o ônibus! Oito anos de Polícia Militar e mal consigo comprar leite para minha família! Mas que porra!*

Nunca me imaginei passando por uma situação dessa. Nunca.

Soltar minha indignação não me poupou de andar os tantos quilômetros que andei. Foram mais de duas horas caminhando para poder chegar em casa. E a chuva só foi aumentando. Cada vez mais...

Mas teve um momento durante toda aquela chuva que eu tomava em que senti algo diferente. Algo dentro de mim, mesmo eu estando bem frustrado e bem chateado comigo mesmo, me impelia a continuar, a seguir. Eu não conseguia entender o que era aquilo. Estava além de minha compreensão. Entre uma poça e outra de água pela qual eu passava, ia tentando compreender. E enquanto mais andava, quanto mais ensopado eu ficava, quanto mais minha roupa pesava e meus sapatos enchiam de água, mais eu sabia que não devia esmorecer...

Eu parei.

Olhei para o lado.

Olhei para o lado oposto.

Sem entender o porquê, eu olhei para cima. E fiz uma promessa para mim mesmo: *Nunca mais na minha vida eu vou ficar sem dinheiro. Por Deus que está no céu – eu vou trabalhar dia e noite, mas não vou ficar sem dinheiro.*

Voltei a caminhar. Cabisbaixo.

Carros passavam. Nas poças, seus pneus levantavam água, que esguichava. E, ao lado das poças, eu andava.

Quanto mais eu andava e prestava atenção na chuva que caía, mais me acalmava. Mais minha mente silenciava. Andar no meio da chuva em situação de desespero faz você perdera sensação de impotência, a sensação de querer fazer e não poder, a sensação de que está tentando tudo ao seu alcance, mas não consegue chegar aonde precisa. Essa calmaria e lucidez só vieram depois de eu estar ensopado naquela noite calorosa.

Cheguei em casa.

Minha mulher estava me aguardando na porta, preocupada, com uma toalha e um guarda-chuva ao lado – que, apesar de bem-vindo, agora não era mais necessário.

Ao receber aquele olhar, algo vibrou em mim. Naquele instante, assim que peguei a toalha e comecei a me enxugar, seguindo rumo ao banheiro, eu fiz uma promessa.

Ela começou a segurar minha roupa molhada, me tratando da melhor forma possível. E eu falei para Ivania:

– Ivania, você me esquece daqui pra frente. Me esquece!

Ivania, muito preocupada, me indagou:

– Como assim? O que você quer dizer?

– Ivania, eu fiz uma promessa... A partir de hoje, eu vou trabalhar dia e noite, mas nós nunca mais vamos passar nenhuma necessidade. Nunca mais, me ouviu!?

Ela me abraçou carinhosamente.

Seus olhos embargaram.

Eu sabia o que estava fazendo. E sabia que eu tinha escolhido a mulher certa para ser minha companheira nesta jornada.

>>>>>>>>>>>

E agora, na mesa do café, eu recordava cada instante do dia anterior.

Cada detalhe, cada palavra, cada gesto.

Minha esposa estava ali na minha frente, alimentando o Rafael.

>>>>>>>>>>>

Deste dia em diante eu comecei a trabalhar. Feito um cavalo. Na verdade, feito um louco. Trabalhei em todas as minhas horas de folga, nos doze anos seguintes, sem tirar férias durante todo esse período. Sem nenhum final de semana livre e disponível. Fiz essa opção por não deixar mais nada faltar. NADA.

Rafael e Juliana cresceram. E, é óbvio, eu não consegui ver eles crescerem. Perdi um dos melhores momentos que um pai pode ter...

Ainda sim, eu consegui construir minha casa.

Consegui comprar meu carro.

Meus filhos se casaram.

Eu consegui dar a festa de casamento para eles.

Eu cumpri a promessa que fiz para mim mesmo.

Minha missão foi cumprida.

CAPÍTULO 4

A DOUTRINA DO HOMEM

Um dia distante da infância...

Era um dia tranquilo. Um daqueles dias em que o sol brilha bastante e a melhor coisa para se fazer é ir brincar – lá na rua. Esta era calma, na qual quase não passava carros. E por isso mesmo toda a molecada se reunia ali para brincar. Dentre as brincadeiras, algumas eram favoritas: a bola sempre estava presente. A molecada era boa de bola, mas eu não... Preferia outras modalidades. O jogo de taco também era uma das nossas mais usuais. Neste eu me dava bem. Sempre isolava a bolinha. E corria vez após vez, marcando diversos pontos. As guerras de mamona então, nem se fala... Montávamos dois grupos grandes e íamos literalmente bombardeando a outra equipe. Sempre me dei bem neste jogo. São lembranças que ainda me fazem muito bem... E dentre essas tem uma que é impossível de esquecer.

Mamãe é que costurava meus *shorts*. Todos eles. A fabricação era praticamente caseira. Eu gostava bastante de cada um deles – porque eram únicos. Ninguém mais tinha. Só eu. E eu, em minha infância, apesar de gostar das roupas que eram feitas exclusivamente para mim, gostava muito de andar sem cueca. Desde aquela época eu já gostava. E sempre me senti superbem com isso. Sem cueca e de pés descalços no chão. Era assim que eu brincava. Era assim que me divertia com meus amigos da rua nas minhas tardes infantis.

Naquele dia em especial o sol estava muito quente. O mormaço subia do chão, em um reflexo do calorão, que era escaldante. Mesmo assim brincávamos – sem camiseta e pés no chão. Jeito fácil de correr e fazer nossas "artes".

Estávamos todos brincando no meio da rua mesmo. Descalços, como todo moleque daquela época gostava de andar. Uma gritaria danada, um corre-corre sem fim. Ali, no meio da brincadeira, Carlinhos e eu decidimos nos afastar um pouco do grupo, que estava brincando mais no final da rua. Saímos correndo, subindo para o outro lado da rua, no sentido oposto ao dos nossos amigos, de forma a nos escondermos deles. Fomos subindo e subindo, correndo com todo o fôlego que duas crianças tinham. Eu estava à frente, a alguns metros do Carlinhos. Quando terminei de subir a rua toda, tive minha primeira e inesquecível surpresa da infância: ali havia uma barca. Bem antiga. Grande e cinza. Eu travei. Parei mesmo – congelei. Paulinho subiu logo em seguida. Nem reparei que ele estava do meu lado! Fiquei vitrificado, olhando como aqueles senhores de uniforme faziam a abordagem naqueles sujeitos que eu nunca tinha visto no bairro. Eram uns caras altos, fortes pra cacete, todos de costas, de cara para a parede.

Paulinho me alcançou. Perguntou o que eu estava olhando. Nem precisei responder para ele. Ele ficou tão mumificado quanto eu, olhando a abordagem dos policiais.

– Olha pra parede! Pra parede! – falava em alto e bom tom um dos policiais na nossa frente.

Logo em seguida, dois policiais revistaram cada um dos quatro sujeitos ali. Os outros ficaram no suporte, próximo daquela enorme viatura da ROTA. Esses militares tinham um capotão azul que ia até o joelho, uma cara séria, um olhar profundo. Dois deles tinham um grande bigode, que transmitia um olhar de sobriedade e de empenho. Todos aqueles policiais que ali trabalhavam se mostravam ser figuras bem respeitáveis. Bastava olhar sua postura, sua firmeza e sua abordagem que já seria possível saber que eu estava olhando um dos melhores policiais que eu tinha visto durante minha vida. E eu, ali ao lado de Carlinhos, não fazia a mínima ideia do que estava se passando... Eu só observava.

Os outros meninos começaram a correr em nossa direção, como quem vem para poder continuar a brincadeira. Correram iguais a crianças desesperadas para nos alcançar. Assim que chegaram e bateram a mão nas nossas costas pararam – nós nem nos mexemos. **Quando eles viram toda aquela cena, "travaram" também.**

Todos nós continuávamos ali imóveis. Só olhando a abordagem e a "revista" que era realizada nos indivíduos suspeitos. Não passava nada – literalmente.

Um dos policiais achou uma arma com um dos suspeitos da revista. E encontrou um saquinho plástico, cheio de algo que não consegui notar bem o que era. Mas isso já havia sido o suficiente para que fosse dada voz de prisão para todo mundo ali. Todos foram presos em flagrante. Um dos policiais abriu a parte de trás daquela barca e gritou:

– Todo mundo pra dentro! Vocês estão presos! Vamos, vamos... sem perder tempo...

A cara de tristeza dos indivíduos ficou guardada na minha memória. Enquanto entravam, um a um, o ar de decepção de que "rodaram" era evidente. Os sujeitos entravam aborrecidos na viatura e se arrumavam da forma que dava. Assim que o último entrou, um dos militares bateu com força a porta para trancá-los. Alguns marginais a menos estariam à solta nos bairros mais simples da cidade.

A molecada, toda do meu lado, não fazia nem um barulho. Parecia até mesmo que não tinha ninguém, que eu estava sozinho, dado o silêncio que se instalara ali. Eu notei que todo mundo – inclusive eu – estava todos com o "cu na mão". Ninguém conseguiu parar de olhar aquela abordagem, aquele movimento, aquela coisa estranha acontecendo em nosso bairro tão calmo e tão sossegado. Aquela manhã de sábado ficou guardada em minha memória.

A viatura saiu da forma mais rápida possível – cantando pneus. Eu fiquei mais impressionado ainda. Os policiais olharam para nós, assim que saíram. Nós olhamos os policiais. Havia uma áurea de sobriedade e de respeito em cada um deles. Um dos militares sorriu para nosso grupo. Ele sabia que poderia ter evitado um desastre – realizou seu trabalho de forma preventiva e com sucesso. Eu, ali parado, com todos os meus amigos da rua ao meu lado, fiquei sem entender o que aconteceu.

Eu era novo, uma criança sem maldade, morava na periferia e nem sabia o que era televisão, então a visão daquela abordagem policial perfeita fez aquela cena dos policiais da ROTA ficar guardada na minha memória, como se eles não fossem pessoas comuns, mas semideuses.

A brincadeira acabou – assim como a abordagem. Descemos todos, bem devagar, comentando sobre cada detalhe de que nós nos lembramos, nos perguntando o que tinha acontecido, quem eram aqueles rapazes e por que eles tinham armas e sacolas com coisas estranhas dentro, por que tinham sido presos... Enfim, naquela tarde ficamos falando de cada coisa que aconteceu no nosso bairro. A brincadeira cedeu lugar ao realismo da vida (o outro lado) que não conhecíamos ainda...

Morávamos na rua da Igreja. E íamos ao culto. Mamãe e eu. Todas as semanas. Inclusive, naquela mesma noite, teve culto. E este foi melhor de todos. Agradecia a Deus, da forma mais sincera que pude, por ter vivido essa experiência única pela tarde e por ter voltado vivo para casa. Como eu era criança, não sabia que não tinha problema nenhum naquela abordagem. Naquele memorável dia descobri que, ao lado de mamãe na Igreja, enquanto o ancião falava exatamente esse trecho da Bíblia, "*Aquele que habita no esconderijo do Altíssimo, à sombra do Onipotente descansará*" (Sl 91:1), era isso que eu ia querer para mim no futuro. Só não sabia em quais desígnios ou força militar eu iria focar meus esforços...

>>>>>>>>>>>

Um dia destes, no início da adolescência...

Levantar-se cedo não era fácil. Quando eu digo cedo, eu falo 5horas da manhã. Eu tinha algo em torno de 15 para 16 anos. O trabalho era bem pesado. Mas qual era o problema disso? Bastava eu descansar bastante depois da labuta que estaria apto novamente para continuar meus estudos, sem maiores problemas...

Eu ia caminhando para a Vila Picinin, lá na Freguesia do Ó mesmo. Não tinha dinheiro para a condução e tudo o que ganhava como servente de pedreiro eu entregava para minha mãe. Só isso. Não sobrava para mais nada – infelizmente. Meu pai ganhava bem pouco nesta época e o meu pagamento não dava nem para ajudar em casa. Era só para eu não ter que pedir dinheiro para ele e conseguir fazer algo naquela época.

Eu aprendi bastante coisa neste ofício: a fazer massa, a rebocar, a medir, a calcular a quantidade de blocos para levantar uma parede. Eu era dedicado, mesmo sendo novo. E o pessoal na obra notava isso. Eu até mesmo sabia como calcular a quantidade de piso a ser comprada para evitar perdas e custos desnecessários – algo com o qual a Matemática me ajudou bastante. Lidar com o seu Manoel (meu chefe) naquele período não era fácil, mesmo porque ele era meio bruto, mas era só fazer o que ele pedisse que o trabalho corria tudo bem.

Fiquei alguns meses trabalhando ali.

Depois, em 1º de julho de 1977, eu lembro bem... consegui meu primeiro registro em carteira! Eu fui *office boy* da ótica da Lapa. Poxa, fui uma alegria só! Eu me lembro até mesmo da cena...

Fui caminhando para casa, com aquele sol enorme brilhando na testa. Aquele sol que até cega, de tão forte. Eu cheguei pingando lá! Fui todo sujo e suado da obra – como de costume. Abri aquele antigo portão cinza da casa de mamãe. Passei feito um foguete direto para o banheiro, para tomar aquele banho merecido. Eu tinha somente uma hora para chegar lá na Ótica e conversar com o Seu Irineu, o dono. Tomei o banho. Terminei de me arrumar. E lá estava eu, todo arrumado e alinhado – nem parecia que eu tinha carregado latas de areia a tarde toda –, caminhando de novo para tentar conseguir meu mais novo emprego.

Cheguei na ótica. Tive de aguardar um pouco – o seu Irineu estava atendendo um cliente.

Assim que terminou, ele veio na minha direção, me cumprimentou e falou:

– E então, Paulo, como eu te falei um tempo atrás, tenho um trabalho aqui. Você ainda tem interesse?

E eu, bem empolgado, falei:

– É claro, Seu Irineu... Se eu puder trabalhar aqui, o senhor vai ter um bom funcionário...

Seu Irineu sorriu.

Ali, naquele instante, consegui aquele emprego. Meu primeiro emprego formal.

E combinamos de, no outro dia, eu levar minha carteira de trabalho para ele me registrar.

Voltei caminhando novamente, direto para casa. Eu fui com um sorriso enorme no caminho todo, de orelha a orelha. Entrei novamente em casa. Passei pela sala, em direção à cozinha. Mamãe estava lá preparando as coisas para o jantar. Ela notou que eu havia chegado e se virou para me cumprimentar. E não pôde esconder que viu que tinha algo diferente em mim. Como toda mãe, ela perguntou:

– Que alegria é essa aí, Paulinho, meu filho?

Aí, com a maior felicidade do mundo, eu falei:

– Minha mãe, consegui meu primeiro emprego com carteira assinada!

E ela, com uma alegria que saltava pelo seu sorriso e com os olhos expressando um misto de admiração e orgulho, soltou:

– Que maravilha, meu filho! Que Deus o abençoe!

Foi ali, naquele instante, que eu senti uma grande satisfação de nível profissional com meus próprios feitos. O sentimento de contentamento de minha mãe e, mais pela tarde, à mesa do jantar, de meu pai fez eu me sentir muito bem comigo mesmo.

Fiquei um tempo na ótica. Tempo o suficiente para aprender a andar em São Paulo, conhecer os bairros, as ruas, as travessas e mais um monte de locais que nunca imaginei conhecer. São Paulo era muito grande! Eu não tinha ideia disso quando era mais moleque!

Foi um bom trabalho.

Aí, conforme o tempo foi passando, eu fui me cansando do trabalho. Eu já conhecia o que tinha de conhecer, já havia andado o que tinha de andar... e quis aprender algo novo. Consegui um trabalho que me pagava um pouquinho melhor em uma marcenaria, bem próximo de casa. E foi ótimo isso! Primeiro porque trabalhar com madeira foi muito enriquecedor. Segundo porque, como eu estava mais perto de casa, comecei a usar o tempo que eu tinha para me preparar para os exames militares. Eu queria, de todo e qualquer jeito, adentrar nas forças militares. Estudava de manhã, trabalhava pela tarde, jantava e depois ia estudar para o exame da EPCAR (Escola Preparatória de Cadetes do Ar) e para o EsPCEX (Escola Preparatória de Cadetes do Exército).

Estudava, trabalhava e estudava novamente. E, nesta rotina puxada, os meses foram se passando. E eu estudando.

Chegou o grande dia da prova da EPCAR. Alguns dias depois, fiz a prova da EsPCEX. Eu tinha me preparado. Eu tinha estudado. E tinha dado o meu melhor. E fiquei naquela expectativa gigantesca até saírem os resultados. Foi aí que saíram: tomei bomba nas duas provas... Estudei tanto, mas tanto... E não consegui chegar nem perto... Fiquei bem triste, porque eu só me via nas forças militares naquele ano.

Foi aí que, ao acaso, andando lá perto da Água Fria, tomei conhecimento de uma academia de formação militar chamada Barro Branco. Eu não fazia nem ideia do que ela era... Em alguns meses, iria abrir concurso para formação de novo quadro de pessoal. Aí eu pensei comigo: *Por que não prestar?* Eu fui lá, me inscrevi. E continuei a me preparar, estudando mais. Já era o ano de 1977.

Aí, chegou o grande dia. Fui lá. Academia de Polícia Militar do Barro Branco. Fiz a prova. Suei nas questões. Ô prova puxada aquela! Contudo, fiz todas. Passei as questões para o gabarito. Sem errar nenhuma. Aí, depois, foi aguardar alguns dias para o resultado...

Então, passado o tempo, o resultado saiu! Eu, com sentimentos de dúvida, ansiedade e com uma expectativa enorme, procurava meu nome lá na lista de aprovados... E qual não foi minha surpresa quando procurei uma vez, procurei duas, procurei três... Meu nome não estava lá... Poxa, tomei "bomba". Não passei na prova... Fiquei arrasado.

Naquela mesma noite fui para a igreja. Eu estava muito desanimado. Naquele instante, eu lembro bem, precisava de uma mensagem, de um estímulo. Era minha terceira reprovação (duas provas das Forças Armadas e uma da Polícia Militar). No culto, perguntei para mim mesmo: *Será que Deus não quer isso na minha vida?* Fiquei inquieto, querendo um sinal ou alguma palavra que me ajudasse a continuar no caminho que eu tinha escolhido para mim desde criança – mas que eu não estava tendo sucesso em conseguir até aquele instante...

O único sentimento inabalável com que eu saí da igreja naquele dia, a única certeza que eu tinha, é que precisava continuar estudando. E assim continuei.

>>>>>>>>>>>

O amor no início da adolescência...

Na igreja nós andávamos em grupinhos. O grupo de jovens, do qual eu fazia parte, era o mais unido. Nós ensaiávamos, estudávamos juntos, saíamos e íamos às festinhas de garagem todos juntos. Era uma época bem gostosa, bem saudável. Não tinha essa maldade de hoje. Fazíamos tudo a pé, andávamos muito – e tudo era muito distante! E como a maioria de nós morava na periferia mesmo, íamos sempre caminhando juntos, o que aumentava a afinidade, as conversas e as histórias. Nós nos divertíamos muito em nossas caminhadas, nas quais conhecíamos os outros jovens da igreja.

Eu sempre fui quietão, na minha. Aí, eis que surge nesse grupinho da igreja uma pessoa que até então eu não havia reparado: apareceu a Ivania. Depois que a gente saía da igreja e voltávamos todos conversando, ela ficava ali, me olhando de canto de olho. Sempre aquela troca olhares. E eu ficava na minha, de boa. Sempre.

Ivania começou a ser mais enfática. Começou a puxar conversa comigo. Assim, sem mais nem menos. E eu conversava para ser simpático, mas não tinha nada de especial. Eu só falava mesmo o básico, o trivial. Mas ela insistia... Dia após dia, culto após culto...

Aí foi que a coisa começou a mudar de figura! Ivania descobriu que eu trabalhava na marcenaria. Ela se mexeu e conseguiu o telefone de lá. Até então, tudo bem. Só que ela começou a ligar e pedir para falar comigo! Nem acreditei...

Maria trabalhava comigo lá na marcenaria e, muitas das vezes, atendia o telefone. E falava assim para mim:

– Paulo, é para você. É a Ivania...

E eu atendia. Meio que encabulado. No meu trabalho era estranho falar com ela. Mesmo assim eu conversava. Dava toda a atenção. Ela era sempre muito agradável. Tinha uma voz doce, bem suave ao telefone. Era gostosa de ouvir, encantadora mesmo. E, por vezes, era eu que tinha que desligar para voltar para meu trabalho – se dependesse dela, seguia falando sem parar.

Enfim...

Mas tinha vezes… tinha vezes que eu não estava muito a fim de falar, de atender a Ivania. Não queria porque não queria mesmo. Nada em especial… Aí, meu, o papo era diferente… Eu falava para a Maria:

– Maria, fala que eu estou do outro lado da oficina e não posso atender.

Ou também usava essa aqui:

– Maria, fala para a Ivania que eu saí e demoro para retornar.

Algumas vezes, também usava essa:

– Maria, fala que eu estou com um pessoal aqui e não posso falar.

E em outras:

– Maria, inventa alguma coisa aí… Eu não quero falar com ela não…

Com o tempo, descobri que Ivania usava o dinheirinho para o lanche da escola que recebia de sua mãe para comprar as fichas de orelhão. Ao invés de comprar algo para si, ela gastava para me ligar lá na marcenaria…

Eu sei, não era muito delicado de minha parte. Mas eu era assim mesmo, bem introvertido. Eu era quadradão mesmo. Fazer o quê…

A Ivania ligava quase todo dia. Ela ficava no meu pé. Tentando criar espaço. Tentando criar situações. E eu só queria seguir estudando, porque eu tinha o foco lá nas minhas provas militares.

Foi aí que um amigo nosso em comum – da igreja, inclusive –, um dia, passou lá em casa. E ele apareceu com uma história meio estranha:

– Paulo, tá aqui, ó… É pra você?

E aí, sem saber o que era, eu falei:

– É pra mim o quê, Carlos?

– Essa carta aqui… E é da Ivania. Ela pediu para te entregar.

Eu pensei que era piada. Só podia ser! O Carlos só podia estar me sacaneando. Como ele era sarrista e gostava de zoar todo mundo, pensei que eu era uma de suas vítimas... Então não deixei barato naquele dia: fui até ele. Peguei a carta. Fingi que iria ler. Peguei da mão dele, com cuidado. A expectativa de Carlos aumentou. Estávamos lá na frente de casa, na rua mesmo. Parecia que ele estava mais curioso do que eu para que eu lesse o conteúdo da carta. E comecei a abrir. Cada vez mais. Estava muito bem dobrada e apresentável, com um papel colorido, inclusive. Muito bonita a apresentação da cartinha. E eu ia pensando: *Até nisso o Carlos caprichou... Filho da mãe...* Quando faltava só uma orelha para abrir aquela bonita carta, eu comecei a rasgá-la por inteiro. Em pedaços bem pequenos. Quase impossíveis de serem lidos. Aí falei para ele:

– Cê acha que você vai me sacanear, é? Porra, Carlos, você falando que a Ivania está me mandando cartas? Não tinha outra coisa para inventar não?

Carlos ficou espantado.

E essa foi a primeira carta que eu recebi na Ivania. E eu não a li. Rasguei inteira! E não faço a mínima ideia do que estava escrito nela...

A mãe da Ivania e a minha eram amigas desde novas. Elas também se conheceram na igreja e faziam parte do grupo de jovens. E aí, já dá para imaginar, né... Era a peça que faltava para a Ivania se aproximar na igreja cada vez mais, e mais, e mais... E eu ia fugindo, escapando aqui e ali, na mesma proporção em que ela ia se aproximando.

Até que um dia fui levá-la, Ivania, e as outras meninas do grupo ao ponto de ônibus, depois do culto. Estava tarde já, não era perigoso, mas, como o local era pouco iluminado, uma presença masculina trazia um pouco mais de conforto para o grupo. E assim fomos seguindo, andando e conversando, como sempre. O ponto de ônibus era bem afastado da igreja.

Os ônibus foram passando. Um após o outro, com intervalos de dez a quinze minutos cada um. E as meninas foram subindo. Até que só sobrou quem? Ivania, é claro! Aí, ficamos ela e eu ali, parados, aguardando o ônibus dela chegar. Foi nesse instante que tomei coragem e falei para ela:

– Ivania, a gente precisa conversar.

Eu não sei o que passou na cabeça dela, mas seus olhos brilharam.

– Pode falar, Paulo.

Em horas como estas eu me dou mal, mas muito mal, por ser sincero...

Já comecei minha fala me desculpando:

– Ivania, você me desculpa pelo que eu vou te falar... – E continuei de forma sincera – ...não me entenda mal, por favor, não é nada pessoal, mas nem que você seja a última mulher do mundo eu vou namorar contigo...

Puta que pariu! Quando eu vi, já tinha falado... Eu não devia ter falado isso. Não mesmo. Eu ponderei muito mal as palavras. Quando reparei, seu olhar, tão doce e meigo, parecia quebrado em pequenos pedaços. Um olhar distante tomou conta do rosto de Ivania. Ela desviou os olhos dos meus naquele mesmo instante. E não voltou a me olhar mais naquele ponto de ônibus.

Não sei se por sorte ou por azar o ônibus chegou logo em seguida.

Notei um olhar choroso em seu rosto. Em uma mistura clara de indagação e tristeza.

Ela subiu.

O ônibus saiu, levantando poeira e fumaça.

A partir daquele instante, Ivania parou de tentar aumentar a proximidade. Ela cortou nosso contato. Ela me deu um tempo. Um tempo frio. Um tempo duro.

>>>>>>>>>>>

Lançaram o filme *Grease – Nos tempos da brilhantina*. Eu combinei com meus irmãos e nós fomos lá no *Cinerama*, na São João, em frente ao Cine Espacial, assistir a esse filme, que prometia!

Compramos o bilhete.

Uma fila enorme para a bilheteria.

Entramos.

Assim que nós passamos pela porta, eu posso te falar: nunca vi cinema tão lotado! Eu e meus irmãos quase não achamos um local para se sentar porque não parava de chegar gente. Tivemos de ir a um canto lá na frente, quase na primeira fileira. Não demorou muito para o cinema começar a encher, encher, encher... cada vez mais. Quando olhei para trás, fiquei pasmo: tinha gente sentado até no corredor! Quase não dava para desviar do pessoal se tentássemos sair dali. O cinema não estava cheio, estava estourando de gente! E o que é mais interessante: a maior parte das pessoas era jovem, molecada mesmo, em sua maioria soldados do Exército. E todos fardados. Naquela época era muito comum os militares andarem fardados, para se identificarem. E mais da metade do cinema era de fardados.

Foi um filme muito bacana, que marcou nossa época.

Assim que eu saí do cinema, meus irmãos começaram a comentar sobre as danças do John Travolta, a trama, enfim, todo o contexto do filme... E eu comecei a pensar comigo mesmo, enquanto eles falavam sem parar: *Mas se Ivania gosta de mim... e eu não estou namorando ninguém... Ela é uma menina direita, de família humilde, também é crente... Não posso tratar a menina do jeito que eu estou tratando. Vou dar mais atenção a ela.*

Eu saí daquela sessão de cinema com esse pensamento em mente: *Dar mais atenção a Ivania.* Meus irmãos e eu voltamos para casa. Foi uma noite maravilhosa! Uma daquelas que a gente não esquece, mesmo com o passar do tempo.

Aí, no outro dia, foi dia de culto. Vila Picinin. E, lá distante na igreja, quem eu vejo que veio pegar no meu pé novamente!? A Ivania. Só que desta vez foi diferente. Depois de nos cumprimentarmos e falarmos algumas coisas por ali mesmo, o culto começou. Eu me sentei. Prestei atenção. Mas enquanto eu estava ali, já imaginava que iria convidar a Ivania para levá-la até o ponto de ônibus, assim que terminasse. Dessa vez, porém, iríamos só eu e ela. Seria um dia diferente. Por esta ela não estaria aguardando...

O culto terminou.

Saímos da igreja.

E, em alguns metros, estava a Ivania.

E lá fui eu, todo desengonçado, para ir convidá-la.

Cheguei frente a frente. Ela abriu aquele sorriso dos deuses que só ela tinha:

– Ivania, posso te levar até o ponto de ônibus hoje?

Como eu nunca tinha feito isso especialmente para ela, Ivania se surpreendeu:

– Claro, Paulo...

E dali mesmo saímos caminhando... E caminhando... E caminhando... Era longe demais o ponto, por isso o papo foi longo. Já estávamos na Freguesia do Ó. Mas, quando chegamos no ponto de ônibus, eu parecia que ia ter um treco. E, sem mais, eu soltei:

– Ivania, eu quero começar a namorar contigo, mas tenho que te falar antes: estou prestando os exames da polícia.

Ela me interrompeu e disse:

– Não, tudo bem... Por mim não tem nenhum problema...

Acredito que ela não sabia o que era isso, por isso concordou de forma tão calma.

– Ivania, eu quero ser militar.

– Se essa é sua vontade, siga em frente. Eu entendi.

E ali mesmo aconteceu nosso primeiro beijo. Era o dia 14 de novembro de 1978. No ponto de ônibus. Nós começamos a namorar a partir daquele ano.

Dia 14.

Mês de novembro.

Esta data é comemorada até hoje, entre nós dois.

>>>>>>>>>>>

A transição e a mudança...

Nestas últimas semanas eu não havia estudado nada. Só estava trabalhando bastante na marcenaria. E durante a semana eu ia ver minha namorada, a Ivania. Quando não era na igreja, íamos dar uma volta ali mesmo no bairro ou no centro da cidade. Não tínhamos dinheiro para muitas coisas, então preferíamos os passeios ao ar livre mesmo.

Só que, conforme eu falei para ela quando começamos a namorar, minha maior intenção era entrar nas forças militares. Isso era muito claro para mim. Então, eu havia me inscrito no Barro Branco novamente. Só que das vezes anteriores eu estudei tanto, mas tanto para as últimas provas que prestei que desta vez fiquei mais tranquilo. Na verdade, tranquilo demais. Nem peguei nos livros. Para não dizer que não estudei, no dia da prova de admissão na Academia do Barro Branco, eu abri um dos livros enquanto tomava o ônibus para fazer o exame. Só isso. Não estudei desta vez. Fui pelo que eu já tinha acumulado de conhecimentos até o período. Mesmo porque, não fiz cursinho para me preparar. Eu não tinha como fazer, porque era muito caro na época. E como eu só ganhava para minha subsistência, nem pensei em fazer o preparatório. **Desta vez era tudo ou nada.** Se eu prestasse e não conseguisse entrar novamente, Deus é que sabe se eu iria continuar insistindo para a APMBB...

Subi no ônibus. O dia estava claro, soprando um vento leve. O ônibus abriu a porta. Eu subi. Paguei a passagem. Sentei-me. Neste instante, abri um livro que trazia comigo, como se olhar alguma coisa ali me desse sorte ou me ajudasse na prova. Enfim, para descargo de consciência dei uma vista de olhos nele. Olhei. Li o que eu procurava. Logo em seguida, fechei. Já vi o que tinha que olhar. Já tinha estudado tudo o que tinha que estudar ao longo **daqueles dois anos de estudo.** Não seria agora que eu iria aprender o que faltava. Assim, comecei a olhar a paisagem. As pessoas, os carros. As ruas. Nada passava despercebido por mim. Via as pessoas caminhando nas calçadas, mulheres com crianças e alguns adultos passeando.

O trajeto demorava duas horas.

Cheguei ao destino: Avenida Água Fria, 1.923. Academia de Polícia Militar do Barro Branco.

Desci, sem pressa, no ponto.

Fui me encaminhando para o local da prova. Tinha gente demais naquele ali. Se todos os presentes fossem fazer a prova, tenho certeza de que não seria nada fácil. Havia centenas de pessoas só aguardando a abertura dos portões. E não demorou muito para que aqueles velhos e desgastados portões verdes fossem abertos. O pessoal começou a adentrar. Sem pressa. O problema estava na fila gigante para ver onde seria realizada a prova (sala e carteira)! Mesmo assim, fui me esquivando, aguardando as pessoas verem seus nomes e saírem. Em pouco tempo, consegui ver meu nome lá. Sala 16. Carteira 4.

Comecei a subir as escadas. Uma sensação boa tomou conta de mim. Era muito sóbrio o ar daqueles pátios, daquelas paredes. Passava respeito, confiança, uma sensação de fazer parte da história. Uma história séria, de pessoas que contribuíram com a sociedade. E essa era uma história que eu queria para mim. Essa era a história de que eu queria fazer parte.

Eu estava na porta da sala. Um cadete conferia os documentos. Entreguei a ele em mãos. Ele verificou calmamente, para se certificar de que não tinha nenhum tipo de erro. Tudo certo e conferido. Entrei na sala. Procurei a carteira 4. Achei minha carteira. Sentei com minhas coisas lá. E fiquei aguardando.

Enquanto eu esperava as instruções e o sinal para começar, olhei para os lados. Tinha alguns rapazes comendo unhas, batendo os pés, com cara tensa, alguns com olheiras; outros se mexiam constantemente, demonstrando grande nervosismo ou ansiedade. Foi aí, mais uma vez, que reparei como essas vagas eram disputadas. E o quanto era importante esse serviço na época. Eu tinha me esfolado de estudar todas as outras vezes. Desta, não...

A sirene tocou.

Os cadetes deram a instrução. Todas elas. Foram cinco minutos só explicando o que deveria ser feito e como seria feito.

Treino é treino. Jogo é jogo. E o meu estava começando, naquele instante.

Recordo-me muito bem: neste ciclo teve cinco mil candidatos para trinta vagas disponíveis na Academia do Barro Branco. Ou seja, 167 candidatos por vaga (arredondando para cima).

As pessoas começaram a sair da sala. Eu não tinha feito nem metade das questões! Pensei comigo: *Ousou muito lento ou quem fez não sabe nada do que está aí na prova*. Um por um, eles foram se levantando. E eu não. Eu já estava ficando por último.

O cadete da sala viu meu olhar de desespero e comentou, de forma gentil:

– Fica em paz, você ainda tem bastante tempo... Manda a ver aí!

E assim eu tentei ficar. Em paz, sozinho na sala, fazendo aquela prova que não era a das mais fáceis. A propósito, **era uma das provas mais difíceis que já fiz na vida!**

Terminei.

Passei o gabarito.

Esse primeiro dia de matemática tinha sido bem puxado.

Cheguei em casa. Deitei e desmaiei de sono.

Segundo dia: prova de português. Comecei a prova. E, quando fui ver, iniciou-se a mesma história do dia anterior. Levanta um, sai outro. E, quando dei por mim, lá estava eu mais uma vez, sozinho na sala. Eu olhei para o cadete. Ele só fez um sinal de "joia" com a mão. Não disse nada.

Passei o gabarito novamente. Entreguei a prova.

No terceiro dia, era prova de conhecimentos gerais. Nela eu lembro que fui superbem. Arrebentei. E, diferentemente dos outros dias, eu não fui o último! Até o cadete me tirou um sarro:

– Que bom, hoje você não foi o lanterninha...

Faz parte...

Passaram-se os dias. Resultado previsto para o dia 8 de dezembro. O ano era de 1978.

Pedi para o chefe da marcenaria me dispensar um pouco mais cedo naquele dia. Como eu já havia adiantado o trabalho, ele me liberou sem nenhum empecilho. Tomei o ônibus novamente e fui lá ao painel da Academia conferir os nomes que estavam na segunda fase. Cheguei. Não era arrumado igual é hoje. Muito pelo contrário! O resultado foi colocado em uns tapumes organizados lá fora, próximo da secretaria, com aquelas folhas enormes de impressoras matriciais. E eu busquei meu nome. Primeiro, pelo nome completo. Não achei... Depois pela matrícula... Também não encontrei... Aí eu desanimei... Fiquei triste mesmo...

Saí de lá com o coração apertado, quase chorando. Aí, meio bravo comigo mesmo, pensei: *Cacete, como a vida é dura!* Meu esforço tinha sido tão grande ao longo daqueles dois anos para eu não conseguir mais uma vez... Fui caminhando sentido ao pátio central e me sentei em um banco. Fiquei ali, olhando toda aquela estrutura à qual eu não teria acesso. Todo aquele espaço destinado somente aos sortudos que conseguiram estar com o nome na lista de chamada para a próxima etapa. Todos os sortudos que teriam o investimento do estado em suas carreiras. Todos os sortudos que iriam compor uma força de elite militar nos próximos meses. Todos os sortudos que teriam a oportunidade de aprender a ser excelentes militares.

Durante minhas lamentações, uma senhora se sentou ao meu lado. No mesmo banco. Eu tinha 17 anos. Pensei comigo: *Vou ter que continuar com meu trabalho de office boy até quando? Será que vou ter que me alistar e servir o Exército? Bom, se for a vontade de Deus, o que eu posso fazer?*

Aí, essa senhora começou a puxar assunto, assim do nada:

– É, meu filho também não passou... Ele se preparou tanto e não conseguiu...

Porra, já estava difícil eu ter que amargar minha reprovação. Aí vem ela e dá aquela cutucada – mesmo sem querer. Não sabia se eu ficava bravo com aquela senhora ou se eu me compadecia. Ela parecia estar bem chateada pelo filho. Enfim, resolvi, então, me compadecer:

– É uma prova difícil. Não é todo mundo que consegue. São poucas vagas.

Ela soltou um suspiro. De desolação.

E ali, naquele mesmo instante, eu ouvi uma voz no meu ouvido:

– *Vai lá naquela listagem e busca pelo número do RG.*

O mais engraçado desta situação é que a voz era masculina. A mulher estava quieta. Olhava para a frente. Não havia falado comigo. Olhei para os lados. Não tinha ninguém naquele espaço, só nós dois no banco. Achei a coisa mais estranha. Contudo, decidi ir lá ao painel de novo procurar de acordo com o que aquela voz havia dito: "BUSCAR PELO RG". Isso ficou comigo.

Pedi licença e me despedi daquela senhora.

Voltei meu olhar para o painel lá distante. Aquele monte de tapumes.

Fui lá naquele monte de gente novamente. Pedindo licença, vez após vez, para conseguir chegar lá na frente. Ainda estava bem lotado.

E, quando eu começo a procurar, no primeiro nome, do lado esquerdo, bem em cima, na primeira coluna, o que eu vejo? O primeiro RG: 11.268... ERA O MEU! Saltando na minha cara! Nem acreditei! Saí gritando feito um louco: "PASSEI! PASSEI!". Vez após vez. Eu nem conseguia acreditar! Porra, eu estava dentro! **Iria fazer a Academia do Barro Branco!** Que baita orgulho para mim. Pela primeira vez, aos 17 anos, eu consegui sentir o que era uma sensação de alegria e de êxito! Cara, eu estava dentro!

Ou melhor, eu tinha passado para a próxima fase... Eu *ainda* não estava dentro.

Cheguei em casa. Não me aguentei; gritei da porta mesmo:

– Passei, minha mãe! Passei! Fui para a próxima fase!

Minha mãe veio correndo, pensando que tinha acontecido alguma coisa. Ali, na porta de casa, quando ela entendeu o que havia acontecido e a importância disso, chorou de alegria.

A partir de agora começaria uma nova fase. Uma nova bateria de exames. Exames esses que eu nunca tinha feito...

>>>>>>>>>>>

A mudança e os testes da Academia...

Isso tudo foi um teste. Até agora.

Cheguei ao local marcado. O dia estava nublado. Com uma cara de chuva horrorosa. Cheguei lá com pelo menos trinta minutos de antecedência, um pouco antes do horário de apresentação, tamanha era minha preocupação. Não queria perder nada. E caso acontecesse um imprevisto, eu teria tempo para contornar a situação. Nem que fosse correndo a pé mesmo. Ainda que com 17 anos eu preferisse cometer um equívoco por excesso de zelo do que por omissão.

Sento lá na sala de espera. Aguardando chamar os nomes. Reconheço alguns rostos que estão lá comigo na salinha de espera. Das trinta pessoas que fizeram a prova comigo, somente quatro estavam no dia dos exames médicos. Aí eu notei que a prova foi difícil.

Naquele dia estava prevista uma bateria de exames. De todos os tipos que eu nem podia imaginar. Inclusive alguns que eu nunca tinha visto: exame médico, dentário, ortopédico, de pele, de vista, psicológico, físico... Foram vários deles. Um seguido do outro. A gente tinha médico na rede pública, mas eu nunca usava. Eu jamais tinha ido ao médico, até aquele dia! Dentista, então? Só na escola mesmo... Fora isso, não sabia o que era a maioria das especialidades dali. Foram bastantes exames para um dia. Foi um dia duro.

Dali dois dias os resultados sairiam. Eu já estava muito tenso. Aí, saíram: dos trinta candidatos na sala de aula, somente duas pessoas passaram nos exames. Um candidato. E eu.

Fiquei bem mais calmo quando vi o resultado. E ali eu descobri que os exames médicos também reprovam nos processos de seleção.

Aí, teve outro exame. Um do qual eu nunca tinha ouvido falar. O "exame psicológico". Esse, de fato, jamais havia feito. Fiquei até com medo do que era. Eu não tinha nenhum parâmetro do que seria. E eu lembro como se fosse hoje. Pensei: *Meu Deus, será que vou reprovar nesse exame? Só me falta esse agora!*

Comecei aquele teste apavorado. Um monte de perguntas bem estruturas, com testes cognitivos e alguns de raciocínio lógico. Naquele instante, eu lia as linhas e respondia àquilo que eu pensava ser o mais certo. O problema é que eu nunca tinha feito um teste como aquele, então foi bem preocupante para mim. A tensão tomou conta. E eu não sabia o que fazer. Só me lembro de me concentrar, ler várias vezes as questões e responder àquelas que mais faziam sentido para mim. Assim, de pouco em pouco, terminei aquele teste. E dentro do prazo.

O resultado saiu no final da tarde.

O outro candidato havia sido reprovado.

Eu passei.

Ficou somente eu da minha sala, dentro daquele processo.

No outro dia começou o **TAF – Teste de Aptidão Física. Aí o bicho pegou...**

Eu nunca fui atleta. Muito pelo contrário. Eu jogava futebol com bola de meia lá na rua da vila. Então, só por aí já dava para perceber que eu nunca tinha feito educação física. E, neste dia, eu teria uma bateria de educação física, com prova de campo e tudo o que mandavam os testes da época: corrida, salto em extensão, salto em altura e subir a corda – com as mãos nuas.

Comecei com o salto em extensão.

Nunca tinha feito isso. Mas encarei.

Sai correndo com tudo, feito um projétil. Chegando perto da linha, saltei. Mas saltei com vontade!

Qual não foi minha surpresa, depois da medição pelos cadetes, eu ter conseguido bem mais que o mínimo! Fiquei encorajado, me sentindo bem positivo com relação aos outros testes que viriam logo em seguida.

Aí fui para o salto em altura.

E o bicho pegou...

Na primeira altura, consegui.

Levantaram um pouco mais a barra.

Consegui mais uma vez.

Não contentes, levantaram um pouco mais a barra. Neste instante, me concentrei e fui de encontro com a barra. Trisquei meu calcanhar, assim que eu estava passando. Derrubei a barra. Fez toda aquela barulheira – aquela característica que te confirma que seu teste foi falho. E dali em diante, não fui bem nas outras tentativas...

Prova da corda.

Subir com as mãos nuas.

Eu nunca tinha tentado aquilo! Foi uma das coisas mais malucas que fiz com 17 anos! Tentei de tudo quanto é jeito: me apoiei, dobrei as mãos, virei, desvirei, fiz força, coloquei as pernas juntas, depois os pés, separei os dois. Queimei as mãos. Tentei de novo. E de novo... Depois mais uma vez... Aí descobri que, naquele dia, eu não ia conseguir subir na corda[1]. Zerei nessa prova.

Natação ainda não havia no período, portanto não precisei nadar.

Mas tinha o teste de corrida. E era diferente do que é atualmente. Era chamado de teste de campo.

A única experiência que eu tinha de corrida era correr atrás de ônibus. Com certo receio, cheguei já bem cansado para fazer o teste na pista. Naquela época, eu poderia ser considerado um pouco pesado – tinha 78 kg. Para 17 anos e para minha altura, isso era bem considerável. Mas, *como quem está na chuva é para se molhar*, eu segui para o último teste.

A pista foi aquela lá na Cruzeiro do Sul. Eu lembro que tinha que correr 1 km no menor tempo possível. Ou seja, dado o tamanho da pista, teríamos de dar no mínimo três voltas nela. Havia um soldado que faria o passo mínimo. E todos precisariam ir além do dele. Quem corresse menos do que ele, reprovava.

Comecei minha corrida. Bem animado no início. Depois, meu ritmo foi baixando. Quando reparei, o soldado já estava me alcançando. Aí ele me disse:

– Tá esperando o quê, recruta? Vai ficar aí parado olhando para mim? Corre e dá seu máximo! Vai, vai! O tempo está passando!

Eu só lembro que comecei a acelerar o passo... Cada vez mais... e mais... e mais. Quando fui ver, tirei uma energia de dentro de mim que pensei que não tinha mais. Minha musculatura tomou outro ritmo: *eu senti uma adrenalina correndo dentro de mim*. Isso impulsionou

---

1 Eu só aprendi a subir a corda quando já estava dentro da Academia, depois de um período decorrido do teste de aptidão física. Era possível zerar esta prova em especial, naquele período.

meus passos na corrida, os quais se transformaram em um ritmo insano. Quando reparei, eu estava liderando o pelotão de corrida. Corri como eu nunca tinha corrido! Até hoje eu não sei como fiz aquilo! Só sei que terminei como o primeiro daquela bateria de corrida. Tive o melhor resultado de todos os participantes.

Ao terminar, parecia que meu coração ia sair pela boca. Eu pensei que teria um ataque ali mesmo. Que iria morrer.

Fui lá no dia seguinte para verificar o resultado dos testes.

O máximo que um candidato a entrar na Academia podia conseguir eram700 pontos.

O mínimo para adentrar era de 350 pontos. Menos que isso estaria fora.

Cheguei ao painel, onde os resultados foram divulgados.

A grande maioria dos candidatos estava com um traço vermelho no nome. Isso era o sinal evidente de reprovação.

Foi quando encontrei meu nome:

Paulo Adriano Lopes Lucinda Telhada... **352 pontos.**

O traço vermelho não estava em meu nome.

Foi praticamente uma permissão divina.

Eu estava dentro.

CAPÍTULO 5
NA MINHA CARA NINGUÉM PÕE O DEDO

Fui transferido para o 3º Batalhão de Polícia de Choque para compor o GATE (Grupo de Ações Táticas Especiais). Naquela época, a ideia inicial era criar uma força militar que ficasse conhecida como a SWAT brasileira. Assim, mandaram minha equipe e eu para o 3º Batalhão de Choque. Quando chegamos lá, éramos cinco oficiais: um capitão e quatro tenentes. Foi assim que foi dado o início do grupo. Pelo que me recordo, ninguém queria mandar tropas para compor esse novo grupo de ações. Mesmo porque, além de não ter tropa, não havia nem mesmo local (espaço) físico. Assim, mesmo se tivesse a equipe, não teria um local adequado para início das atividades. Desta forma, quando chegamos ao quartel, nos arrumaram uma salinha esquecida bem lá no fundo. Ou seja, não tinha tropa, não tinha treinamento, não tinha espaço físico... Não tinha praticamente nada! E era essa a estrutura e o estímulo que tínhamos para começar. E tivemos de começar assim mesmo. Era essa a estrutura que nos disponibilizaram e tínhamos de fazer acontecer a partir disso. Eu nunca tive problemas com relação a isso. Muito pelo contrário! Era mais um desafio a ser superado para começarmos a mostrar nosso trabalho nas próximas semanas.

E assim as semanas foram se passando. Comecei a perceber algumas coisas. Coisas estas que eu antes não havia reparado. E quanto mais eu olhava ao redor, mais reparava que **era muito nítido**

que não queriam ver a gente ali. Era muito claro isso – percebia-se que *enquanto trabalhávamos para estruturar o grupo a falta de apoio e o desprezo nos eram direcionados*. Pelos empecilhos criados, pela falta de boa vontade, pelos tantos "nãos" que recebemos. Mesmo assim, continuamos. A duras penas, mas continuamos.

Eu sempre tive meu estilo de trabalho – que pode ser considerado adequado ou inadequado na visão de quem avalia. E quando eu fui para lá, o coronel do Batalhão não gostava de mim. Isso era muito nítido. Desta forma, esse desprezo também foi repassado para a nossa equipe. Ele e seus seguidores odiavam a gente. Eu não sei o que se passava com eles, *mas deviam achar que nós éramos "folgados"*. E isso começou a complicar as situações do nosso cotidiano. Ao ponto de ninguém no Batalhão querer ficar do nosso lado ou conversar com a gente. Parecia que tínhamos algum tipo de doença infecciosa, do tipo mortal. Éramos isolados. E esse é um sentimento horrível no ambiente da corporação! Mas como não faço questão que me amem no trabalho, eu cumpria o meu dever da melhor forma possível, em respeito a todas as pessoas, normas e ordenamentos vigentes da época.

Nosso grupo era constituído pelo capitão Mentone, pelos tenentes Adilson, Antão e Morelli, e por mim.

Minha equipe e eu não éramos o tipo de policial que fica no gabinete (no escritório). Nós íamos para a rua, corríamos, perseguíamos bandidos, trocávamos tiros, prendíamos suspeitos, suávamos, nos machucávamos, alvejávamos e, algumas vezes, éramos alvejados. Ou seja, nós não ficávamos sob a tranquilidade da mesa e do ar-condicionado: íamos para *a rua para defender a sociedade*. E, como eu costumo dizer, se alguma mãe tivesse que chorar, que fosse a mãe do marginal, do bandido, que está atirando no policial, e não a mãe do militar, que está defendo os interesses e o bem-estar da coletividade. Isso sempre foi muito claro para mim. E acredito que aí é que começaram alguns mal-entendidos nesta época, dentro do contexto de que nós tínhamos muito resultado do histórico de operações para apresentar...

Assim, acredito que éramos vistos de uma maneira meio deturpada, como marginais, pelos nossos próprios pares na nova corporação – porque nós combatíamos os bandidos sem pensar duas vezes, com a força e o vigor necessários. Aliás, muitas das vezes eu fui visto como "bandido" pela própria PM. Ainda mais agora, que havia trocado o comando...

Neste ínterim, um novo chefe assumiu o posto.

E seria de bom grado que eu fosse me apresentar para o novo comandante, até mesmo para deixá-lo ciente das operações que estavam se realizando no GATE. E comecei a tentar falar com ele. Sempre que pedia um horário ou tentava encontrá-lo, isso era em vão. Aí passei a reparar em outro detalhe que estava me passando despercebido. Sempre que eu tentava entrar em contato com o comandante, de fato, era uma briga. Não nos permitiam... Alegavam compromissos ou outras prioridades. Ou seja, estavam nos bloqueando de propósito.

Aí, um imprevisto mudou tudo.

Um dia comum de trabalho. Logo depois de tantas tentativas frustradas de uma reunião.

Tivemos uma missão neste dia.

Eu e o Morelli nos direcionamos para cumprir uma missão externa ao quartel. Pegamos uma viatura e nós mesmos fomos dirigindo para cobrir a ocorrência.

Cumprimos da melhor forma o chamado – trabalho de rotina. E voltamos.

Nada grave, contudo retornamos um pouco tensos na viatura após o trabalho realizado.

Chegamos à frente do Batalhão. Entramos e estacionamos – como fazemos de costume. Só que, neste dia, assim que paramos a viatura no pátio, antes mesmo de abrirmos a porta, não tardou para que nos dessem o recado: o comandante queria falar conosco. O Morelli e eu fomos chamados para dar explicações. Sem saber o porquê, fomos. Afinal de contas, essa seria uma boa oportunidade para falarmos com ele, depois de tantas tentativas frustradas e bloqueios sem necessidade.

Assim, o Morelli e eu chegamos na sala do comandante.

Lembro como se fosse hoje...

Aguardamos na porta. O ambiente cinza já tão conhecido da entrada. Ficamos lá, até sermos chamados para adentrar.

Pediram que entrássemos.

Logo que entramos, prestamos continência. Eu e meu parceiro.

O comandante, antes de expressar qualquer tipo de comunicação, muito puto da vida, começou seu discurso:

– Vocês estão pensando que são quem?

Nós continuamos em posição de sentido. *Eu sem entender porra nenhuma do que estava se passando ali*. Mas continuei ouvindo...

E ele prosseguiu:

– Onde vocês pensam que estão? Comportando-se do jeito que estão na corporação, vocês estão agindo como bandidos!

Neste instante, algo em mim mudou. Eu saí de minha postura e vagarosamente fui fechar a porta da sala do comandante.

Olhei pelo meu ombro esquerdo para o Morelli. Eu já sabia o que ele estava pensando, mas não precisou nem falar.

Porta fechada.

Quando retomei o comandante à frente, eu olhei bem dentro do olho dele e disse em tom calmo:

– Ô major, se o senhor acha que a gente é bandido, o senhor fica esperto com a gente porque o senhor está entrando numa errada... O senhor não está falando com nenhum moleque não!

O Morelli, com expressão fechada e séria, sem esperar qualquer reação do comandante, não se aguentou e falou:

– E o senhor fica esperto porque não está falando com nenhum polícia cuzão...

Neste instante, o major arregalou os olhos em sinal de surpresa. Ele não esperava essa nossa reação. E disse (com aqueles olhos tremendamente esbugalhados):

– Peraí, não é bem assim não...

Aí foi a minha voz que cortou o ambiente novamente:

– Então, o senhor não pense que somos iguais a esses tenentes bunda-moles que o senhor tem aqui não... Antes de mais nada, o senhor pense antes de falar com a gente!

Logo em seguida, viramos as costas.

Nós dois saímos.

Não com o mesmo respeito que entramos.

Sem prestar continência.

O pessoal do Batalhão era folgado com quem fazia muita posição de sentido...

Foi a nossa primeira e última conversa com o major.

Na minha cara, ninguém põe o dedo.

CAPÍTULO 6

A ESTRUTURA DO ESTADO (OU A FALTA DELA)

Década de 1980.

Trabalhar na polícia sempre foi para quem teve vigor. *Simplesmente porque o sentimento de servir o todo é maior do que o sentimento de reconhecimento por parte desse todo.* E isso começou lá atrás, com os primeiros homens que serviram nas primeiras companhias. Não é de hoje isso.

A Polícia Militar, como um todo (e isso não é nenhuma novidade), sempre dependeu diretamente dos recursos que o estado disponibilizou a ela. E, mesmo com as alocações financeiras destinadas, essa não era a estrutura ideal. Sempre foi a estrutura suficiente. Ainda que no início dos anos de 1980 a estrutura fosse bem tímida, nós conseguíamos trabalhar bem com o bem pouco que nos era disponibilizado. Inclusive, é importante mencionar um fato: na época tínhamos bem menos batalhões do que se tem hoje. Naquele contexto do país, tínhamos um contingente muito, mas muito menor de homens para a população do que há hoje. A diferença é bem significativa inclusive. E o nosso patrulhamento, mesmo com menos homens e menos estrutura, tinha altas taxas de sucesso – era eficaz e eficiente. Naquela época (e quando a frase começa desta forma, indica que temos uma longa história...), fazendo uma proporção bem "por cima", com dez homens conseguíamos o que hoje é necessário que cem homens executem. E disso podemos supor algumas hipóteses: a taxa de violência aumentou de forma desenfreada nas últimas décadas, por isso mais homens são necessários para manter a mesma efetividade que se tinha no passado; a criminalidade desenvolveu uma maior inteligência e organização, o que dificulta o trabalho ostensivo; entre tantas outras que eu poderia supor aqui... O importante a mencionar é que a polícia era bem menor em proporção do que a atual, no entanto conseguia transmitir uma maior sensação de segurança para toda sociedade. Só que quem era da sociedade civil não imaginava o que passávamos para poder cumprir com sucesso nosso dever...

Antes da crise do petróleo, no Brasil nós tínhamos algumas coisas em abundância: a gasolina, por exemplo, era extremamente barata. Naquela época, nós comprávamos os carros V8, os Dodges, os Mavericks. Era bem interessante poder andar em uma máquina dessas, tanto pela sensação como pelo prazer de dirigi-las. Só que, logo após os países da OPEP (Organização dos Países Exportadores de Petróleo) se reunirem para poder elevar o preço do produto como reprimenda aos EUA e à Europa no período, o impacto no mundo foi catastrófico. Inclusive no Brasil. Como subiu o preço do petróleo, subiu o preço de todos os seus derivados. A economia brasileira não estava boa nesta época. E isso também puxou a inflação lá para cima! E nós sentimos, inclusive dentro do Batalhão.

Neste período o Maluf era o governador do estado de São Paulo. E ele sempre deixou claro que era muito afeito à pauta da segurança – inclusive nos seus discursos e na agenda política. No entanto, esse "gostar da segurança" não foi acompanhado de uma melhora das condições de trabalho na época. Sempre teve o suficiente, não o necessário. E neste período também foi criado um bordão muito característico. Ele dizia que iria "colocar a ROTA na rua". Engraçado isso, porque a ROTA JÁ ESTAVA NA RUA... Ou seja, não precisava falar isso... Estávamos trabalhando muito nas ocorrências, como sempre trabalhamos. Vou relembrar alguns aspectos da estrutura de materiais que tínhamos naquele período...

O início dos anos de 1980 era um mundo à parte. O nosso trabalho sempre foi ostensivo, **mas naquela época não tínhamos a mesma complexidade de ocorrências que temos hoje.** Tanto que colete à prova de balas simplesmente não existia naquela época... *Trabalhávamos sem proteção mesmo!* Não era equipamento obrigatório, então não tínhamos de usar. E se usássemos, os coletes daquele período eram tão pesados e sem mobilidade que não conseguiríamos correr atrás de vagabundos ou ter a agilidade necessária em um tiroteio. Ou seja, ninguém usava. Assim, só nos eram disponibilizados a viatura, a boina, a bota e o revólver (calibre .38 da Rossi, Taurus ou Smith Wesson). Os revólveres estrangeiros, naquele momento, eram as melhores armas.

Apesar de termos revólveres, não tínhamos muita munição para usar no trabalho. Quem quisesse que comprasse a sua! Só para fazer uma referência de como era esse tempo, no meu primeiro ano de Academia eu me lembro de ter dado somente uns quinze ou vinte tiros de calibre .38. Atirávamos muito com o fuzil Mauser 7 milímetros.

O estado disponibilizava uma metralhadora para nosso uso no cotidiano, conhecida como INA[1] 45. Entre tantos modelos disponíveis no mercado, quem comprou aquele lote muito possivelmente não entendia muito de operações... Mesmo porque nos mandaram aquelas porcarias de armas... Vou explicar o que acontecia com essas "maravilhas"!

A arma de fogo do tipo metralhadora tem um propósito muito claro, que, igual ao de toda arma automática, é disparar tiros sucessivos rapidamente para frustrar um alvo específico. Só que a

1 INA era o acrônimo de Indústria Nacional de Armas.

>> Instrução de tiro – fuzil Mauser 7mm (1979).

metralhadora foi tão bem projetada que enquanto estávamos precisando dela em situação real de combate à criminalidade ela simplesmente "engasgava". Ou seja, parava de funcionar. Bem durante a troca de tiros! O militar que estava utilizando ficava sem arma no meio do confronto... Aí, já dá para imaginar o que acontecia...

O oposto também era válido: alguns modelos eram tão sensíveis que vez por outra atiravam de forma automática – o sujeito encostava nela, seja para segurar ou para transporte, e ela simplesmente disparava. **Sem precisar apertar o gatilho!** Isto é o cúmulo do absurdo, porque os policiais se feriam sem terem ido ao combate. Não é preciso dizer que, também nestes casos, a vida de alguns militares foi perdida devido a esse tipo de projeto de metralhadora mal realizado...

Essas dificuldades de armamentos citadas fizeram parte do nosso trabalho no início dos anos de 1980. E, infelizmente, isso demorou bastante para começar a melhorar.

Contudo, nem tudo foram lástimas!

Nestes anos iniciais da década de 1980, o Exército estava trocando seu armamento. E, por algum tipo de acordo feito entre as forças militares, começamos a receber no Batalhão algumas dezenas de revólveres calibre .45 e bastantes munições! Ou seja, tínhamos alguns "canhões" para poder treinar. E era uma baita de uma arma aquela! Para nós treinarmos era incrível, porque dava um baita "coice" quando a gente atirava. Era um excelente armamento! Porém, apesar de ser ótima para treino, infelizmente, não podia ser utilizada para rechaçar os vagabundos na rua, porque era considerada *uma arma de guerra, e não de patrulha*. Era muito óbvio isso: se um projétil destes .45*braseasse*[2] um alvo, o "estrago" seria muito maior do que os nossos usuais .38...

Usávamos também o fuzil Mauser – arma utilizada na primeira e na segunda Guerras Mundiais. Aí, foi pura diversão! Era uma arma muito boa (na verdade, uma baita de uma arma), de longa distância. E nós treinávamos bastante com elas, pois juntamente com estas veio uma quantidade bem generosa de munições. Eu gostava bastante de treinar com esse armamento, em especial por trabalhar a concentração e a mira em alvos. E, modéstia à parte, eu atirava muito bem com aquele fuzil. Eu não perdia um tiro nos treinos.

Então, desde daquele momento (início da década de 1980), quem trabalhava na polícia ia para o Batalhão, vestia a farda, se arriscava e trocava tiros com marginais por *entusiasmo*, e não por (ou pela) *estrutura*. É muito claro isso! Tão claro que nós ganhávamos tão mal como se ganha hoje (proporcionalmente falando), mas tinha um negócio diferente na sociedade: nós éramos muito valorizados! E isso, por si só, já entusiasmava os militares. Esta valoração e este reconhecimento perante a coletividade já eram o nosso

2 Gíria que equivale ao verbo "acertar".

maior mérito. Tanto que ninguém "encarava" um policial militar na época. Coitado do cara que se atravesse... E um indivíduo que tentasse levantar a voz ou, então, descumprisse uma ordem dada por um policial naquela década? Coitado do cara! Ele era preso e conduzido! No imaginário popular, o militar era o protetor da sociedade, auxiliando e zelando belo bem comum.

Assim, observando analiticamente, não faltava somente estrutura naqueles anos, *faltava quase tudo*.

O que não faltava eram empenho e dedicação. Um dos fatos que mais eu me recordo é que era inadmissível um militar ficar no quartel. Quando ia trabalhar, se não tivesse viatura para o sujeito ir cobrir uma ocorrência externa, ele ficava no próprio quartel, porque queria trabalhar. Se você dispensasse um cara da ROTA, dava briga, porque ele estava ali para suar a camisa, queria mesmo era ralar (trabalhar), mostrar serviço. Não tinha como dispensar o cara!

Outro fato importante: era inadmissível um policial reclamar de salário naquela época! Sabe por quê? A rotina de trabalho já era no formato 12 por 36 horas. E o militar que se esforçasse, na hora de sua folga, poderia fazer o famoso "bico". E sempre tinha trabalho para o militar! Os tempos eram tão outros que no "bico" que fazíamos nos intervalos de trabalho nós conseguimos complementar nosso salário e dar melhores condições de vida para nossa família.

CAPÍTULO 7

O CONSÓRCIO DOS AMIGOS

Fevereiro de 1989.

A *inflação estava corroendo todo o nosso poder de compra.* A elevação dos preços, de modo geral, fazia nosso salário no final do mês não dar para quase nada... E se fosse só o meu salário, tudo bem, mas era o do Batalhão todo. Melhor, naquela época, do país todo!

Aí, mesmo fazendo uns bicos, ainda sobrava quase nada para pagar as contas. Eu já estava com meu filho (ainda criança) em casa, então tinha que me desdobrar para passar aquele momento difícil do país. Outros tantos companheiros lá no Batalhão também enfrentavam situação semelhante à minha; assim, alguém – não sei quem naquela época (não consigo me recordar quem em específico...) – reuniu algo em torno de trinta oficiais que eram amigos todos, sem exceção, em uma sala grande. Lembro como se fosse hoje cada um dos oficiais chegando, entrando, conversando e se acotovelando naquela sala lá... Aí, um deles puxou o discurso para si e fez uma proposta para todos:

– Pessoal, muito boa tarde... Como vocês bem sabem, e eu não preciso frisar isso, a maior parte de nós aqui está com algum tipo de problema financeiro. Seja porque acabou de se casar, porque teve filhos, porque teve de comprar uma casa ou de reformá-la, comprar um telefone ou um carro... Enfim, cada um tem um motivo e uma necessidade...

E todos continuaram ouvindo com atenção o amigo que lá falava de maneira empolgada:

– Então, proponho hoje que nós comecemos a nos ajudar ainda mais... É simples, pessoal. Vamos fazer um consórcio aqui. Um clube dos amigos que ajudam os amigos. É bem fácil isso.

Um ar de interrogação tomou conta da sala. As pessoas ali começaram a se entreolhar.

Nosso amigo continuou empolgado:

– Cada um aqui tem uma necessidade. Então, vamos fazer duas cotas. Uma para o valor de um carro popular usado, claro, e outra para meio valor de um carro popular. Aí, dos oficiais que forem participar, nós pegamos o total do valor do veículo e dividimos pelo número de participantes, ou seja, se fosse o valor inteiro aqui e todos participassem, dividiríamos por trinta...

E todos continuaram ouvindo...

– No caso da meia cota, funciona da mesma maneira...

Aí veio primeiro questionamento:

– E como iríamos passar esse dinheiro?

– Com folhas de cheque. Cada um assina onze folhas de cheque e entrega para o oficial responsável. A partir disso, a pessoa contribui por onze meses, e um é o dela, por isso não tem necessidade de doze folhas.

Os rostos pareciam começar a gostar da ideia. E o interlocutor continuou:

– Vai haver um controlador. E esse é o responsável pelo controle de tudo – do valor, do repasse e do sorteio do mês. Todo mês alguém é sorteado e recebe o valor integral, para fazer o que quiser com o dinheiro...

Aí um sujeito perguntou lá:

– Não é obrigatório comprar um carro?

– Não, não é. É o valor equivalente a um carro popular e meio. Assim que sair seu nome e você receber o montante, você escolhe o que fazer.

Ali, todos começaram a sorrir.

– E quem de vocês, meus amigos, topa participar?

Todo mundo confirmou. O "Eu topo" foi o som mais ouvido naquela sala naquele final de tarde.

Dali mesmo já saiu o controlador. Um dos mais antigos se prontificou a organizar os cheques e os pagamentos. Já nos dividimos em dois grupos: os que tinham maior condição financeira partiram para o valor do veículo inteiro. Os que não, partiram para a meia cota do inteiro. Eu fiquei nesse segundo grupo. Tinha dez pessoas nesse grupo, ou seja, eu só precisei assinar nove cheques.

E mais interessante disso tudo é que todos cumpriam o acordo. Mês após mês, nenhum cheque voltava. Mesmo porque o seu cheque estava na mão de um tenente! Quem pensasse em fazer uma loucura de não "cobrir o cheque" no final do mês era certeza de tomar uma infração disciplinar: "*Assumir dívida e não saldar o pagamento*". Era nesse critério que seria enquadrado! Só para se ter uma ideia de como isso era sério, se o militar adquirisse uma dívida que não pudesse pagar (como uma TV no crediário), não saldasse a dívida e o credor fosse no quartel reclamar, o oficial chamava o militar e pedia providências. Se, ainda sim, ele não honrasse seu compromisso e o quartel recebesse outra notificação da mesma dívida desse militar, ele ficava preso (porque foi constatado que devia e não se habilitara a resolver) no próprio quartel. Esse era um dos dispositivos que mais recebiam críticas na época. Contudo, está correto, **porque militar tem que ter palavra, tem que**

ter honra. Já imaginou o sujeito andando fardado e devendo para todo mundo? Seria esse o modelo de polícia que a população iria querer? O militar tem que ser modelo de referência! Se não fosse assim, o cidadão não iria nem respeitar ele... Então, tínhamos que dar o exemplo. E este começava dentro de casa (no Batalhão).

Aos poucos todos iam pagando. E nós fomos nos beneficiando desse sistema que criamos.

Aí, passados uns três meses, chegou um dia em que eu fui o sorteado!

Poxa, foi uma alegria tremenda! É tão raro a gente ganhar alguma coisa na vida, que quando ganha, mesmo entre os amigos, a gente fica feliz. Eu, que estava gastando muito com transporte, já estava pensando em comprar uma moto. E foi certeiro: o valor dava para comprar uma moto que havia tempos eu vinha sondando. Uma XLX 350.

Fui lá receber os meus cheques com o controlador do nosso grupo. Feliz pra caramba!

Quando lembrei que o Diniz tinha uma XLX igual à que eu estava procurando, fui conversar com ele depois que acabou o turno de trabalho:

– Ô Diniz... Me conta aí... Como que é essa moto no dia a dia?

– Telhada, vou te contar... Essa moto é boa... Leve, rápida e econômica.

– Que bom, Diniz. Bom você me falar isso mesmo, porque estou pensando em comprar uma para vir para o trabalho.

– Pô, Telhada... Eu estou vendendo a minha. Não quer comprar?

– Quanto você está pedindo nela?

E ali mesmo, naquele instante, eu peguei o valor do "consórcio dos amigos" com uma mão e já deixei o valor certinho na mão do Diniz, pois estava com o valor correto de mercado. Só passamos o documento para meu nome e já fui de moto nova para casa naquele mesmo dia. E foi tão bacana isso, porque, por causa desse sistema de ajuda mútua, consegui comprar a moto, com a qual fiquei onze anos. Era uma baita máquina naquele período!

>>>>>>>>>>>

Esse negócio de "união dos esforços dos amigos" deu tão certo no meu trabalho que comecei a fazer isso com a minha família! Em uma noite em que todos estavam jantando juntos, expliquei o que fazíamos no trabalho e como funcionava – em especial, as regras que não poderiam ser quebradas. Deixei bem claro que ninguém podia falhar, para não atrapalhar o próximo. Ali, naquele dia, o pessoal da minha família também topou participar. E ali mesmo a Ivania se habilitou e começou a organizar tudo. Naquela ocasião, conseguimos reunir doze pessoas. Cada uma dava seus onze cheques e aguardava o mês que fosse sorteada. E isto, parece que não, mas ajudou todos na família. Livrou a cara, literalmente, de todos.

E o mais interessante disso tudo é que nos proporcionava um sentimento de união, de compromisso, de ajuda mútua. E funcionava bem. Tanto que durou, pelo que me recordo, no mínimo oito anos. Parecia uma confraria.

CAPÍTULO 8

A DOUTRINA DO HOMEM (TELHADA)

Rua Sheldon. Lapa. 1985.

Eu estava servindo como 2º tenente no 4º Batalhão de Polícia Militar Metropolitano na Lapa.

Aquela era uma tarde como qualquer outra. A comunidade costumava se encontrar no bar. Um bar de vila – sem nada de especial. As pessoas iam lá – em sua maioria, o público masculino – e tomavam suas cervejas, brincavam, jogavam conversa fora, comiam miudezas e petiscos. Muitas das vezes iam com filhos, filhas, netos ou netas para tomar uma tubaína ou uma soda – uma maneira muito singular de um avô agradar seu(sua) netinho(a). E neste dia, ali estavam diversas pessoas: barzinho cheio, uma música alta do lado de fora e uma churrasqueira bem na calçada. Naquela época, era muito mais tranquilo o bairro: as pessoas jogavam cartas, dominó e ouviam os discos bregas nestes locais. Bem diferente dos barzinhos de hoje. Ali, não tinha maldade. Era pura descontração. Lembro muito bem que esse barzinho era próximo da **Rua 12 de Outubro**. Lembro bem porque, enquanto eu estava na ronda, não muito longe dali daquele ponto, uma ocorrência pediu para que as viaturas que estivessem próximas pudessem ir o mais rápido possível para um barzinho...

A história foi a seguinte...

Enquanto todos comiam, brincavam e estavam ali passando o domingo na calma, curtindo as alegrias daquela tarde no bairro da Lapa, dois vagabundos entraram sem mais nem menos no local. *Quando o cão chega com vontade, o pessoal de bem já nota de longe...* Entraram neste local um branco alto, com bermudas e boné de lado, e um outro rapaz ruivo baixinho, com os braços todos tatuados. Estas eram tatuagens estranhas, não do tipo das realizadas em estúdio, mas sim com caneta – do tipo esferográfica mesmo –, mostrando que possivelmente já tivesse passado pela penitenciária (local onde esse tipo de pintura rústica era feito). Ali, logo que entraram no local, o branquelo gritou alto:

– É um assalto, é um assalto!

O seu comparsa sacou um revólver do tipo calibre 38 e em vez de apontar para o caixa, para assaltar o dinheiro, o filha da puta apontou para a cabeça de um bebê de um ou dois anos que estava com um senhor calvo, que o segurava, sentado ao canto esquerdo do bar, próximo do caixa. *Só que ele era o avô da criança!* O bebê começou a chorar pelo susto da situação e da gritaria e o avô, soluçando, em uma mistura de medo e desespero, pedia pelo “amor de Deus” para que não fizessem nada com a criança. E o meliante gritou para todos ouvirem:

– Se vocês fizerem qualquer movimento ou chamarem a polícia, eu mato a criança! Ouviram bem? Eu mato esse menino aqui! Ponho uma bala nele!

Porra... tente imaginar o transtorno que passou aquele senhor segurando seu neto! O maldito do assaltante, ao invés de render um adulto, apelou para a criança... Aí é sacanagem...

Enquanto o rapaz ficava com o avô e a criança rendidos e os usava como chantagem, o outro vagabundo começou pelo caixa do bar e, logo em seguida, foi pegando a carteira de todos que estavam ali. Um por um. Bolso a bolso. Uma tarde agradável se tornou um desastre...

Depois de tocarem um baita terror em todos, deram um tapa em um dos presentes para mostrar algum tipo de respeito e empurraram o dono do bar, que tinha liberado todo o dinheiro que arrecadara naquele dia. A partir disso, correram feito doidos, com os bolsos cheios, sentido bairro adentro.

Só que uma das pessoas não tardou em ir até o orelhão e ligar para a polícia. E, dali mesmo, a polícia apareceu em minutos. Eu estava dentro da antiga viatura do tático móvel, número0485, de cor cinza, que cobriu essa ocorrência.

Chegamos rapidamente – dez minutos após o contato com a central. Eu era o responsável por tentar encontrar uma solução para essa trágica situação. Lembro-me da cena perfeitamente: bati aquela porta velha e pesada da viatura e desci do veículo, e vi as pessoas com um olhar perdido, desolado, algumas choravam. Estava um clima muito próximo de um velório, tamanha a dureza e tamanho o choque em que ficaram após a abordagem dos

>> A antiga equipe de Tático Móvel. Sentado no banco de atrás está o cabo Cláudio - guru do cel. Telhada, sentado no banco da frente.

bandidos. Fui em direção ao senhor que estava dentro do balcão e perguntei:

– Todos estão bem? Tem algum ferido aqui?

Ele balançou a cabeça negativamente. Nada disse.

Aí eu continuei:

– O senhor pode me contar o que aconteceu?

E ali eu senti um dos meus primeiros baques da profissão. Eu vi um senhor de cabelos brancos, pele enrugada, sofrido pela idade e possivelmente pela vida, desabar aos poucos na minha frente:

– Seu policial... aconteceu o seguinte...

Enquanto ele falava, uma voz rouca foi tomando conta daquele senhor, possivelmente aposentado, que tentava ganhar alguns trocados a mais com seu comércio no bairro:

– ... nós estávamos, minha mulher e eu, aqui assando uma carninha e servindo uns refrigerantes e cervejas para o pessoal, quando chegaram...

Sua voz embargou ainda mais...

– ... chegaram uns rapazes...

Naquele rosto judiado pelo sol e pela idade, vi começarem a encher de lágrimas os olhos. Sua voz cessou. E ali mesmo as lágrimas correram seu rosto. Sem nada dizer.

Eu não forcei nada. Fiquei observando sua indignação, sua tristeza com o acontecido. Logo após a explicação eu iria me compadecer – naquele instante, eu não podia fazer nada. A carga emocional dele falou mais alto e o senhor desabou em lágrimas:

– O senhor me desculpe, seu policial... (*choro forte*), mas em dez anos com meu barzinho aqui aberto é a primeira vez que isso me acontece... Eu nem acredito que estou com a polícia aqui tendo que me socorrer...

Eu tudo observava. Bem puto da vida com aquela situação. Aquele senhor tinha a idade de meu pai. Eu vi um pai de família ali, sendo injustiçado pela marginalidade, tendo de tomar forças para explicar o que aconteceu em seu próprio comércio.

– Entraram aqui dois rapazes. Em um primeiro momento, eu pensei que iriam pedir uma cerveja ou uma cachacinha, mas eles gritaram com todos os meus fregueses e apontaram uma arma na cabeça de um bebê! E o avô desta criança é um dos meus melhores amigos, seu guarda!

Eu vi o desespero daquele senhor. Ele estava sofrendo pelo ocorrido – como se fosse o culpado pelo que tivesse acontecido ao neto de seu amigo... E continuou:

– Aí, enquanto um rendia e mantinha a criança sob a mira, o outro limpava todo mundo. E meu caixa também. Em seguida, me empurravam forte depois de limparem meu caixa e o outro rapaz deu um tapa na cara de um dos meus fregueses.

Eu ouvia tudo atentamente. Bem puto da vida pela situação toda.

– Tem mais alguma coisa de que o senhor se recorda? As roupas dos indivíduos? – perguntei.

– Sim. Eles usavam bermudas e bonés. Um deles era todo tatuado nos braços e ruivo.

– Há quanto tempo eles saíram?

– Há uns vinte minutos isso tudo ocorreu.

– Tá certo. Agradeço as informações.

Ali já saí direto para a viatura e avisei o COPOM. Pedi reforço para a localidade. Com pouco tempo, comecei a ouvir o som das sirenes chegando. Todos já estavam informados.

Entrei na minha viatura com meu pessoal. Ali mesmo eu falei:

– Cambada de filhos da puta. Hoje eu não estou de bom humor... Vamos atrás desses vagabundos...

Saímos cantando pneu dali. A sirene ligada. Ali começaria a perseguição!

Fui observando tudo e todos. Não deixava passar nada enquanto estávamos no carro. Já estávamos rodando havia uns minutos quando chegou um sinal no rádio. Uma das viaturas das quais eu solicitei apoio cercou dois suspeitos lá na Ponte do Piqueri. Cacete! Como os caras tinham andado (ou corrido)! Pedi para o motorista ir voando para lá... Sem perder tempo! Vai que eram os rapazes que estávamos procurando?

Seguimos. Feitos loucos no trânsito. A habilidade do motorista da viatura era incrível! Digna de um piloto profissional.

E foi minha segunda surpresa no mesmo dia...

Estávamos chegando. Ali no local havia uns tubos daqueles grandes da Sabesp, bem próximo da ocorrência. E esses tubos tinham marcas de bala. Em vários pontos. Do outro lado, alguns policiais em pé. A leitura da cena foi clara: houve resistência à prisão. Alguém reagiu contra os militares. Na certa, teve tiroteio...

Aproximamo-nos. Paramos ali mesmo, ao lado dos colegas.

Eu já tinha visto de tudo na Academia: fotos, estudos e vídeos de várias coisas. Mas naquele dia foi a primeira vez que vi um cadáver ao vivo. E a imagem foi muito forte: **era o ruivo**, com as *tatuagens feitas com canetinha no braço* – e alguns buracos no peito dele. Na verdade, vários. Possivelmente foi alvejado por mais de um militar enquanto trocavam tiros. E, neste caso, ele se fodeu...

O sentimento de aversão, aquela coisa estranha mesmo do impacto da imagem, foi forte. Apesar de similar aos estudos, foi bem mais marcante do que eu já tinha visto. O sangue escorrendo pelos buraquinhos no peito. E o cara todo danado, lá, caído. A imagem ainda é nítida enquanto falo. Foi meu primeiro contato com um morto em combate.

Por ironia do destino, o outro também trocou tiros com os policiais, mas não foi atingido de forma letal – estava parcialmente ferido. E ficou sob minha responsabilidade socorrê-lo. Esperar a ambulância chegar e acompanhá-lo. E assim aconteceu. Depois de feitos os curativos e ter ficado em repouso por alguns instantes no hospital, o suspeito foi preso. Logo em seguida. Era exatamente o outro vagabundo que tinha assaltado o barzinho da Lapa.

Só que nessa ocorrência aconteceu algo inusitado: esse mesmo senhor que eu mencionei, o avô da criança, mandou uma carta lindíssima para nossa equipe nos dias seguintes para nos agradecer pelo serviço prestado e por termos prendido os bandidos. Eu tomei a liberdade de pegar a mesma carta, depois de dividir o mérito do teor com o meu Batalhão, e a encaminhei para o Comando da Polícia Militar. Este tinha um Jornal Militar nesta época. Essa carta foi publicada em inteiro teor lá, para motivar os policiais e mostrar que muitas vezes existe o reconhecimento por parte da sociedade pelos serviços prestados. A carta, inclusive, agradecia o Comando Geral da PM ao final.

>>>>>>>>>>>

20 de março de 1985.
Uma rebelião no Carandiru.

Aquela noite começou diferente. Era uma quarta-feira fria e chuvosa.

Eu estava rondando a região do CEAGESP dentro da viatura do tático móvel. Próximo da região da Vila Leopoldina. Patrulhamento rotineiro. Naquele dia, em especial, naquele ambiente nada acolhedor, eu estava com uma fome de lascar. Eis que, de repente, toca no rádio da viatura:

"TODAS AS VIATURAS DO PERÍMETRO DIRETO PARA O BATALHÃO. SEM EXCEÇÃO. TODAS AS VIATURAS!".

Ali, dentro do carro, nós todos nos entreolhamos, meus companheiros e eu. Seguimos a todo vapor para a Rua Espartaco, 366. Viria alguma novidade naquela noite...

Chegamos no Batalhão.

Fomos um dos primeiros a chegar no 4º BPM.

As viaturas iam chegando – uma após a outra.

Assim que todas encostaram e os homens estavam todos lá dentro em formação, o comandante veio até nós e informou:

– Está ocorrendo uma rebelião lá no Carandiru neste instante. E nós fomos acionados para ajudar na contenção dela.

Cacete!, pensei comigo mesmo. **Hoje vai ser minha primeira rebelião! E logo no Carandiru!** Meu estômago roncou logo em seguida – seria um dia longo... e sem refeição...

Nesta época, eu era tenente.

Entramos com rapidez na viatura. Meus companheiros e eu rumamos para a Casa de Detenção no Carandiru. Daquele jeito rápido e costumeiro. A adrenalina estava a mil, correndo pelas veias. O estado de alerta estava em nível estratosférico – um erro em um local fechado, além de ser fatal, pode comprometer algum companheiro. Ou seja, agora o jogo era outro.

Aquela chuva não passava...

Chegamos naquele ambiente virulento. Um alvoroço excessivo. Diversos veículos parados na entrada, atrapalhando o acesso. Muitos carros de reportagem das emissoras para cobrir o evento. Diversos pelotões estavam lá. E algumas pessoas tentavam ver ou acompanhar o movimento que ali se sucederia. Muito possivelmente alguns familiares de presos também estavam ali para obter notícias do que estava acontecendo naquela rebelião. Era uma visão descomunal tudo aquilo que se apresentava: todas as luzes, todos os olhares, as pessoas paradas, os soldados, as armas, os cães de guarda. Só quem vivencia o que eu estou mencionando tem uma ideia do que isso pode significar. Ali, a vida toma outro sentido. Ali, não tem mais do que uma visão da vida: só dois lados. Nós e eles. O estado e os rebelados. A ordem e o caos. Cada um está deum lado diferente e, fazendo uma analogia, neste "cabo de guerra", cada um puxa para seu lado a mesma corda...

Estavam ali o Choque e o Tático Móvel. As primeiras medidas efetivas foram tomadas às 22 horas. Enquanto ouvíamos a ordem do oficial mais antigo, o Pimentel – atualmente, coronel da reserva –, do que seria feito naquela noite, ali no meio daquele movimento todo, eu comecei a reparar um outro detalhe após a instrução: *alguns corpos estavam saindo pelos portões*. Carregados. E nesses corpos tinham furos. E furos longos. Grossos. Bem no peito. Só que balas não causam esse tipo de estragos. Não daquele jeito! Esses buracos foram feitos por barras de ferro, para ser preciso! Os presos tinham sido perfurados por grandes barras de ferro fundido das construções que foram quebradas. Por outros presos! Os corpos estavam sendo carregados para livrar o caminho para a entrada. Alguns vinham com as barras ainda instaladas neles. Era uma cena lastimável. Os corpos tinham sangue ainda respingando por dentre as barras, que em alguns casos os haviam perfurado dos dois lados. Era inacreditável a brutalidade dessas rebeliões. Um dos corpos que passou pela minha direita, em direção ao caminhão do IML, estava sem a barra de ferro, contudo via-se aquele baita buraco no tórax. Pelo ângulo que eu observei, parecia que dava para ver o coração daquele finado. A cena era forte mesmo. Tinha de ter estômago.

Começamos a marchar para entrar. Nosso pelotão iria para o PAVILHÃO 8 – um dos mais perigosos da história – e daria apoio direto, pelas muralhas, para evitar que mais presos fugissem da Casa de Detenção. *Eu estava bem armado naquela noite.*

Enquanto íamos entrando, pessoas iam saindo carregando outros corpos. Obviamente, estavam sem nenhum manto ou maca. Iam carregando nos braços e pernas mesmo. Só que cada vez o cenário ia ficando mais tenebroso: esses corpos estavam sem cabeça. Isso mesmo. Com braços e pernas. Mas sem cabeças. Elas haviam sido decapitadas nas brigas internas dos detentos. Ali, naquele instante, eu pensei: *Meu Deus... Onde eu estou me enfiando nesta noite?! Por favor, me proteja, porque essa noite será de trevas...*

E as trevas começaram logo no início...

Bastou subirmos os muros...

Toda a tropa da PM subiu as muralhas. Começou a tomar o perímetro.

O Choque iria pelos pátios, direto para os pavilhões.

Os muros dos presídios, no passado, eram controlados por uma tropa da Polícia Militar chamada BPGD (Batalhão de Polícia de Guarda). E essa tropa também estava lá – apesar de ter perdido o controle da situação em determinada altura da rebelião.

Subimos, Magalhães, Roberto, Marques e eu. Essa era minha equipe. Íamos andando em um caminho estreito, andando rápido, com as armas empunhadas, em formação. Outros policiais também faziam parte desse grupo. Essa muralha devia ter entre 15 a 20 metros de altura – ou seja, se alguém escorregasse, perdesse o equilíbrio ou fosse alvejado, seria muito difícil sobreviver. Continuamos seguindo adiante em bom ritmo, até que estávamos cercando quase toda a Casa de Detenção. Neste momento, começamos a ouvir um baque surdo naquelas muralhas. Cada vez mais baques. Puta que pariu! Estavam atirando em nós! De dentro das dezenas de janelas do Pavilhão 8! Os presos estavam armados! E descendo o dedo na gente!

O som surdo do projétil atingindo as paredes nos deixava tensos pra cacete, pois esse ruído estava cada vez mais próximo de nossas cabeças... Achamos um local para nos proteger, entre uma curva e outra da muralha – em um ponto cego para as janelas, entre uma passagem e outra. Todos se abaixaram. Os sons continuavam cada vez mais fortes, em nossa direção mesmo. Baques surdos de metal no concreto. Mesmo na penumbra aqueles malditos estavam nos enxergando bem...

Aí, um dos homens à frente gritou:

– Alguém tem metralhadora?

Eu gritei lá do fundo:

– Tenho sim!

Eu estava portando uma metralhadora Beretta 9 milímetros.

– Então dá uma rajada naquela janela principal, de onde estão vindo os disparos!

Era tudo o que eu queria ouvir.

Levantei-me com cuidado.

Mirei bem.

Anos de treino fazem toda a diferença nessas horas.

Engatilhei...

... Clack... Click...

Em seguida...

... desci o dedo.

Segurei bem a metralhadora. Uma rajada de projéteis saiu em uma velocidade ímpar. Estes começaram a cortar o espaço, o vão entre a muralha e o pavilhão, encurtando a distância entre nós e os presos, armados até os dentes.

Os estojos voavam. Sem parar. Ficaram todos ao meu redor, no chão.

Os homens se levantaram. Continuaram a caminhada, em formação, de maneira a cercar o perímetro, em especial a última parte que faltava da muralha.

Desci outra rajada. Dei cobertura para todos, que correram alucinadamente para chegar no outro ponto de forma segura.

Fiquei dando cobertura por alguns segundos.

Mais uma rajada em direção à mesma janela.

Neste instante, os tiros pararam de vir daquela janela.

Segui correndo, para alcançar os homens mais pela frente.

Passamos uma noite de cão lá.

A rebelião foi bem pesada. E, apesar disso, conseguiu ser controlada.

Foi minha primeira incursão neste tipo de missão.

Depois, com o tempo, houve tantas outras nos anos seguintes.

Inclusive a do Massacre do Carandiru (1992).

FOLHA DA TARDE

São Paulo, quinta-feira, 21 de março de 1985 -

DOR E MORTE NA BATALHA DA DETENÇÃO

A Casa de Detenção em São Paulo foi ontem completamente dominada pelos presos, em rebelião iniciada no pavilhão 8 e que se alastrou rapidamente por mais três pavilhões — números 9, 5 e 2 —, onde ficam abrigados 4.200 condenados. A rebelião iniciou-se às 16h30, mas as primeiras providências efetivas para contê-la só foram tomadas às 21 horas, quando chegaram dois caminhões de tropa de choque — aplaudidos pelos guardas e funcionários da Detenção, que permaneciam do lado de fora do prédio.

A maioria dos guardas deixou seus postos, diante da impossibilidade de conter o movimento. Seis guardas do pavilhão 8 foram mantidos como reféns, mas um deles conseguiu fugir, à custa de golpes de karatê. "Tudo começou no terceiro andar do pavilhão 8. Um preso que tinha ido à assistência judiciária reclamar liberdade porque dizia já ter cumprido sua pena, voltou dizendo que havia sido maltratado. Começou a incitar a rebelião. Os presos que servem o jantar começaram a jogar alimentos e pacotes de leite nos guardas. Os demais detentos aderiram, atirando pedras. A partir daí foi um tumulto geral", contou o guarda que escapou, negando identificar-se.

Segundo ele, os pavilhões 9, 5 e 2 foram invadidos em seguida, um a um. "Não vi armas de fogo. Apenas estiletes e pedaços de cano. Mas os guardas eram poucos para impedir que os pavilhões fossem dominados", relatou.

Por volta das 19 horas, o secretário da Justiça, José Carlos Dias, chegou à Casa de Detenção, mas não passou da porta. Conversou rapidamente com os guardas e saiu. O primeiro carro do corpo de bombeiros — os presos incendiaram colchões nos pavilhões 8 e 9, segundo informou o segundo-tenente Ubirajara — foi à Detenção às 19h30, mas pouco pode fazer. Os primeiros a entrar no presídio foram os policiais da tropa de choque, às 20 horas. Segundo as primeiras informações, limitaram-se a pedir reforço, que chegou apenas uma hora depois, junto com mais três caminhoões do Corpo de Bombeiros, um deles equipado com escada Magirus.

>> *Folha da Tarde*. São Paulo, quinta-feira, 21 de março de 1985.

CAPÍTULO 9

OS LEÕES DE PÁTIO

Dentro do Batalhão.
Qualquer época.

Existe uma máxima no futebol. E essa vem lá dos tempos da Seleção de Ouro: o "camisa 10". Este, normalmente, desde a época dourada do esporte, é o cara que resolve a partida. E nomes não faltam para isso: Pelé (1958, 1962, 1966 e 1970), Rivellino (1974 e 1978) e Zico (1982 e 1986). Nomes que marcaram o futebol brasileiro.

No Batalhão, também temos os nossos "Pelés", nossos "Rivellinos" e os "Zicos". São os policiais que honram a farda que vestem. Aqueles que nunca têm um problema ou ocorrência de que não deem conta. É sempre "sim, senhor" e missão cumprida. Pronto. Sem mais nem menos. E, principalmente, esses que resolvem o problema e não ficam se vangloriando ou "contando vantagem". São na deles. Quietões mesmo. No entanto... Como não poderia deixar de ser, também temos a versão oposta disso: o cara que faz pouco (ou quase nada), tem a sorte de estar nas melhores ocorrências e fica se vangloriando o tempo todo, tirando sarro dos recrutas mais novos, gosta de contar vantagem sobre os colegas de Batalhão e dizer o quanto são "bonzões". A essas "figuras ilustres" chamamos de leão de pátio, ou também, em uma paródia aos velhos tempos, "camisa 10" – em um tom irônico. E esses caras, obviamente, dispensam apresentações... Acreditam ser os melhores do time dentro do Batalhão... Só que de melhor mesmo eles só têm a fala. Vou comentar quatro situações reais em que eles pensam que são os *fodidões*, mas na verdade escorregam nas coisas simples.

Caso 1

Nova turma de recrutas. Alguns novos homens vieram estagiar na ROTA. Primeiros dias. Os indivíduos já estão tensos porque sabem que terão de passar por um tipo de treinamento físico e mental difícil. Até aí, normal. Só que... neste dia, os recrutas estavam correndo dentro do pátio. E um dos "leões" já chegou gritando com um dos rapazes – ele abordou um dos mais jovens daquela nova turma:

– Aí, recruta! Pare sua corrida aí...

E o recruta, ao ver o cara de braçal da ROTA, parou. Afinal, se o cara tem o braçal, deve ser fodido...

E aí o "leão" continuou:

– Aqui na ROTA, recruta, a gente faz as coisas com vigor! – disse em tom alto e firme. – Não é essa moleza aí que vocês estão fazendo não!

Aí começou a dar uma esculachada no rapaz! Falou que ele parecia cansado... e que a ROTA não era para os que são moles e cansados. Falou que na rua tem que estar sempre atento – como se o rapaz não soubesse disso –, e que ele era reconhecido por estar sempre "ligado" no que acontecia ao seu redor. O cara praticamente "levantou a própria moral" perante o novo recruta. O jovem ouvia tudo, sem questionar – obviamente.

Cena deprimente...

Aí é que a coisa mudou de figura: apareceu naquele instante uma ocorrência de suspeita de venda de grande quantidade de entorpecentes. E fomos lá apurar. E eu fui nesta ocorrência também. Adivinha quem foi comigo? Este mesmo leão que deu um esculacho no novo recruta da tropa. Eu não falei nada, só fui observando...

Aí que temos a primeira descrição do automóvel dos suspeitos à vista. Um veículo bem similar, próximo do local onde era a ocorrência. Resolvemos parar para fazer a abordagem – por precaução. E quem toma a frente para a realização da abordagem? O mesmo **camisa 10**... E ali, naquele instante, eu vi como a arrogância e prepotência daquele sujeito não se traduziam em um trabalho bem realizado... Na verdade, *a abordagem dele foi um lixo*! Ele foi estúpido com os possíveis suspeitos, folgado, e deu uma série de comandos sem precisar – inclusive alterando o tom de voz. Algo totalmente desnecessário. E o pior de tudo: aqueles nem eram as pessoas que estávamos procurando... Nós encontramos os verdadeiros

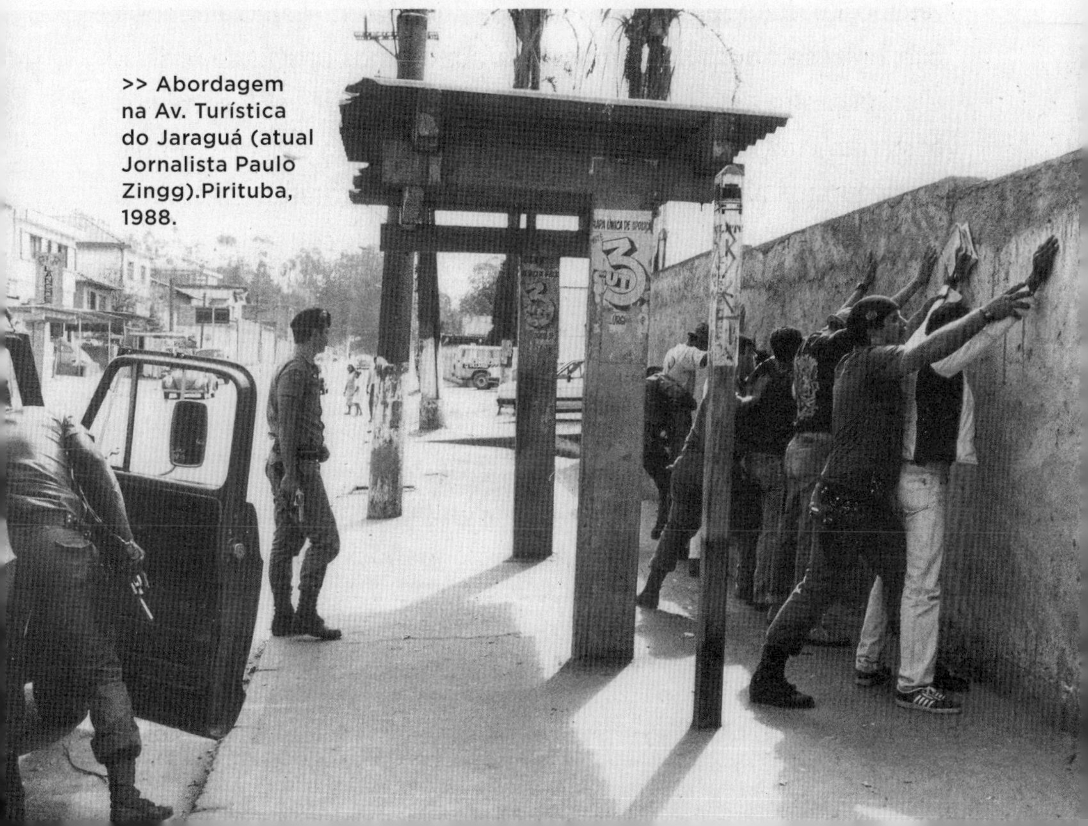

>> Abordagem na Av. Turística do Jaraguá (atual Jornalista Paulo Zingg).Pirituba, 1988.

bandidos a alguns quilômetros de distância daquele local. Ou seja, o cara na viatura é um leão e no trabalho é um escroto...

Não deu outra. Chegando ao Batalhão eu dispensei o cara. Não sei que fim ele teve depois desta baixa, mas *militar dessa estirpe trabalhando na rua atrapalha o trabalho do próprio militar.*

Caso 2

No serviço de rua é que conseguimos distinguir o bom profissional daquele que só diz que é bom... É na hora de enfrentar mesmo a ação, na troca de tiros, que você verifica se o militar é preparado ou não. E tem horas que, no meio da busca, de uma ocorrência, ou de uma situação limite, você verifica a qualidade, o nível do policial. Neste caso, estávamos em uma ocorrência em que os suspeitos estavam próximos de nossa viatura. Fomos até o local e avistamos o grupo em que faríamos a abordagem. Eles estavam sem veículos, parados em uma esquina da Zona Norte. Estacionamos a barca. Ao sairmos, eles nem esperaram darmos ordem de revista, já começaram a correr. E, é obvio, fomos atrás deles! E corremos bastante. Puta que pariu, neste dia corremos pra cacete! No final conseguimos alcançá-los. Só que depois que gritamos "Parados! Parados! A casa caiu para vocês...", em vez de levantarem as mãos e se rederem, aconteceu o que normalmente acontece: eles o*fereceram resistência*. Ou seja, tivemos troca de tiros entre os bandidos e a nossa patrulha. Sem dó. Eles atiraram para matar. E nós queríamos prendê-los, não necessariamente atirar neles, só que respondemos na mesma medida em que fomos recebidos.

Não demorou muito para nossa equipe cercá-los em um beco. Eles se esconderam atrás de umas latas grandes de metal. E continuavam a mandar bala pra cima da gente! E aí, assim que um dos vagabundos levantou, a perna ficou exposta – foi certeira a mira! "Braseamos" um deles. Um branco alto foi alvejado na perna – para ser preciso, na altura da coxa direita. Assim que o tiro acertou, não demorou para que ele começasse a gritar feito uma criança, esperneando mesmo, o sangue escorrendo. Aquele parou de atirar no mesmo instante. Os outros dois sujeitos, encurralados que estavam e vendo que não haveria muito espaço para eles na troca de tiros, resolveram se render, pois se continuássemos nessa troca possivelmente eles não levariam a melhor... Levantaram os braços. Gritamos ali mesmo:

– Arma no chão! Arma no chão!

Assim que deixaram a arma no chão e levantaram os braços, prendemos todos. O baleado levamos para o pronto-socorro. Mesmo com o tiroteio, conseguimos levá-los vivos para serem presos.

Isso é rotina. Nada de anormal. O problema é que o leão de pátio ficou na viatura nesta ocorrência... Aí eu comecei a reparar neste camisa 10... Em outra ocorrência, alguns dias depois, o cara ficou novamente vigiando a viatura... E nós no meio daquele inferno de chuva de balas... Em uma outra ocorrência, o indivíduo teve a pachorra de me falar:

– Não vi, tenente, eu estava olhando para lá – (o outro lado).

Aí foi a gota-d'água...

Este sujeito passou no fim do dia lá na minha sala.

Foi dispensado.

E era claro que eu ia mandar esse indivíduo embora. Este e mais alguns que falavam muito, mas na hora de agir fingiam, dissimulavam, passavam a ideia de que trabalhavam.

No início, a gente não consegue notar – em especial nas ocorrências com oito, nove ou dez policiais – porque o *leão* está no meio do grupo, e, como o serviço foi satisfatório, ninguém consegue notar. Aí vão acontecendo uma, duas, três, quatro... Tem leão que é até condecorado! Tem sorte de estar nas ocorrências boas!

Só que na hora que o cara tem que agir individualmente, aí *fodeu* para ele...

Caso 3

Na ROTA a abordagem é uma das coisas mais importantes. E você vê quando o sujeito é "leão" baseado na abordagem que ele faz na rua. É simples isso: *você não precisa destratar o cara em uma verificação policial, mesmo ele sendo bandido.* Não precisa ficar esculachando o suspeito... Ladrão sabe que no momento em que ele der um fora (de qualquer tipo) a gente vai pegar ele. Então, não precisa fazer uma abordagem bruta. Tem de ter respeito e vigor, mas não exageros... Aí é que entra o *camisa 10* novamente...

Tinha um cara lá no Batalhão que era metido a valentão. Com "V" maiúsculo: o cara era um touro de tanto puxar ferro, fazia artes

>> Pirituba: cercando criminosos no meio do matagal. 1988.

marciais e vivia se exibindo. Os recrutas que o olhavam diziam que ele deveria ser um "monstro" lá dentro da corporação. Parecia o militar completo: de forma física excelente, ágil nas habilidades de imobilização, chutes e cotoveladas explosivos – caso necessitasse de um confronto físico –, tinha um bom tempo de serviço, havia feito todos os cursos disponíveis com bom desempenho – enfim, o cara parecia um personagem dos filmes de ação. Ele era um desses sujeitos que mais alopra vamos mais novos no Batalhão, caçoando deles como "maricas" ou "fracos" para o serviço de enfrentamento da marginalidade nas ruas. Quem olhava o cara, com certeza, pensava: *Esse deve ser o militar mais bem preparado daqui do Batalhão. Sem sombra de dúvidas.*

Só que a vida militar dá voltas...

Eis que surgiu uma ocorrência em um dia qualquer daquele ano. E lá vai o leão "agente superespecial dos filmes de ação", com toda sua valentia e arrogância, cobri-la juntamente com a equipe. E aí que a gente vê que na garganta o cara é bom, mas na prática...

Resumindo: no final da ocorrência (que foi cumprida como satisfatória, com sucesso) eu dispensei o cara. Ele acabou dando um

>> Continuação da perseguição/cerco. 1988.

tiro na própria perna. *Ele mesmo acabou se baleando!* Sem precisar da ajuda de ninguém. Depois, ainda falou um monte de merda para tentar se justificar... Mas eu ouvi todos que estavam com ele cobrindo a operação. Além de mostrar despreparo emocional no decorrer da ocorrência, ele conseguiu colocar em risco seus companheiros, mostrando total descompasso com o nível de excelência de preparo e de tensão emocional que exigimos dos policiais. De vez em quando a gente detecta uns caras desses e é só acompanhar. Com pouco tempo, eles estão fora.

E o caso mais marcante...

Caso 4

Fomos buscar um vagabundo lá na Zona Norte. Perigosíssimo era esse sujeito! Tinha uma ficha longa (mais de dez homicídios), inclusive já havia ido para a Casa de Detenção. Ou seja, **não podíamos vacilar**. E fomos informados de que ele não estaria sozinho lá no seu barraco, ou seja, levamos uma viatura de apoio, caso entrássemos em uma troca de tiros. E não deu outra...

Paramos as viaturas. A rua começava larga e terminava bem estreita. Dali para a frente seria a pé mesmo. E tinha uma caminhada longa de onde terminava o asfalto até o ponto de encontro da denúncia. Saímos os homens e eu em fila. Formação perfeita. E seguimos, um dando cobertura para o outro, rumo ao ponto para buscar o vagabundo. As paredes eram bem estreitas e não raras vezes tínhamos que mexer bastante o corpo para não bater os ombros. O lugar era bem de difícil acesso mesmo. Mas a informação era boa! Então iríamos sair de lá com o sujeito preso – com certeza. Mantivemos a formação e fomos seguindo na operação. Lá embaixo, uma viatura ficou no suporte. E, enquanto essa viatura esperava, uns sujeitos que iriam subir pelo mesmo caminho, desavisados de que a ROTA estava no local, viram as barcas e começaram a correr. Não deu outra: os homens do carro de apoio os pegaram. Até houve troca de tiros, mas todos saíram presos, sem serem "braseados".

Chegamos à porta. Aquela adrenalina correndo solta. Os olhos de todos da equipe estavam arregalados – efeito do sangue correndo mais rápido no corpo e de os instintos estarem extremamente apurados. Em outras palavras, *todos prontos para o combate*– da forma que ele viesse.

Mandei um polícia antigo ir lá para os fundos do barraco. Cercamos todas as outras laterais, ou seja, se ele estivesse lá estaria fodido. Iríamos sair com ele dali preso.

Chegamos em frente ao barraco.

Barraco fechado.

Porta de madeira. Aparentemente trancada.

Fizemos o que nós tínhamos de fazer para pegar o suspeito: metemos o pé na porta e a derrubamos de primeira.

Caímos todos para dentro! Com uma velocidade incrível, já tínhamos tomado conta da cozinha e do quarto. Lá estava a mulher dele. Em posição, com a arma empunhada, já fui perguntando:

– Cadê o cara? Cadê o cara?

– Aqui não tem ninguém não, senhor!

Aí um dos rapazes continuou:

– Fala, onde ele está? Onde ele está?

– Não sei de quem o senhor está falando não...

É claro que ela devia saber. Só que ela nunca iria falar – era a mulher do cara! E mulher de bandido sabe como funcionam as regras...

Rondamos o barraco todo. E nada do suspeito.

Fui lá atrás do barraco e perguntei para o policial que fez o cerco nos fundos:

– Tudo bem por aí?

E a resposta foi:

– Tudo bem sim, chefe.

Aí respondi:

– Então tá bom... Ninguém passou por aqui?

– Não, ninguém...

Puta que pariu! Será que a informação era fria? Será que mentiram para nós?

Enfim, tive que pedir desculpas para a mulher – afinal, derrubamos a porta dela. Ficou muito chata a situação... Olha o que eu tinha arrumado para mim!

Aí, fomos embora. Somente com uns traficantes. Mas o "cabeça" mesmo nós não conseguimos naquela tentativa.

No entanto, através de uma ronda realizada posteriormente naquela região, uns quinze dias após a ida no barraco, pegamos ele "cagando"[1] na rua. Aí, é claro, eu fui trocar uma letra com o cara:

– Aí, Fulano, tudo bem?

– Tudo bem sim, senhor...

– Então, Fulano, aquele dia que fomos lá te buscar no seu barraco, você estava aonde?

– Ôoo tenente, na moral, não preciso falar, né...

– Não, pode falar sim. Pode falar... Onde você estava...

– Papo reto, tenente?

– Sim.

– Então... eu estava no barraco!

– No barraco?! – Fiquei muito surpreso.

– Sim, tenente, lá dentro...

1 Gíria para se referir a alguém que está distraído.

– A gente caiu para dentro, como a gente não te encontrou?

– Quer saber mesmo, tenente, na moral?

Eu, curioso que só, falei:

– Quero sim. Pode falar...

– A hora que notei que vocês iriam entrar pela porta, eu abri a janela. E quando eu olhei pela janela, tinha um polícia fortão lá atrás. Eu até olhei para ele e pensei: *Cacete, ele vai atirar em mim...* Mas ele olhou para mim e virou para o lado... Eu aproveitei e saí correndo!

Eu fiquei sem reação ali. Não deixei o vagabundo notar, mas fiquei enfurecido por dentro.

Dali mesmo ele foi preso.

Aí, em seguida, rumei para o Batalhão...

Assim que cheguei, a primeira coisa que fiz foi chamar o Fulano que eu tinha pedido para guardar os fundos do barraco.

Ele se apresentou em minha sala. Ali mesmo eu perguntei:

– Fulano, lembra aquele vagabundo? Fomos lá no barraco dele há uns quinze dias...

– Lembro sim, senhor.

– Que bom que lembra dele! Porque o vagabundo falou que saiu pela janela, olhou para você e você virou a cara!

E a resposta dele veio de forma imediata:

– Não... que é isso, chefe... Ele tá mentindo...

Aí eu, já bem puto da vida, falei:

– Como que ele está mentindo? Ele te descreveu por inteiro!

A cara do indivíduo ficou branca. E ele era um dos antigões, bem mais velho do que eu na corporação...

Com muito desgosto e tristeza, eu falei:

– Meu, na boa, pede para cagar[2]...

---

2 Pedir para cagar = pedir para sair.

O ar de desânimo tomou conta daquele militar. Eu já tinha visto muita coisa, mas esse tipo de ocorrência foi minha primeira vez.

Apesar de ser um militar respeitado, para estar conosco ele não servia mais. Ali mesmo, este colega tomou um pé na bunda...

Leão de pátio é isso.

CAPÍTULO 10

OS VALORES E A FORMA DE PENSAR

As regras morais e sociais pessoais.

Desde pequeno eu carrego comigo um conjunto de valores dos quais não consigo me distanciar. E toda vez que eu tentei fazer isso, ou não segui esse meu próprio código de conduta perante a vida, fiquei com um remorso terrível – ou seja, minha consciência me "arrebentou" por eu ter ido contra aquilo que acredito. Aí, desde pequeno, eu parei de tentar fazer isso e simplesmente aceitei este fato. Simples assim. Só que, no dia a dia, a coisa não é tão simples desse jeito. Quando falamos de valores pessoais, normalmente na vida em sociedade a gente vai se deparar com as situações limites. E nestas, a maioria das vezes que eu abro mão dos meus valores pessoais (ou seja, deixo de fazer o que deveria fazer) eu me fodo. Literalmente. E uma das coisas com que mais eu sofro é na pressa de querer ajudar os outros, fazer o bem mesmo, sem nenhuma pretensão. Eu coloco os interesses alheios na minha frente e aí tenho problemas sérios... Sou assim desde pequeno... E desde pequeno me fodo por causa disso... Essa é uma das coisas que eu carrego comigo. Por causa disso, já quase perdi minha carreira – diversas vezes, inclusive.

Já fui condenado pela crítica alheia (interna e externa) por estar trabalhando na rua, por querer (e algumas vezes conseguir) melhorar as condições de trabalho da tropa. Aí, quando você começa a fazer as suas ações no cotidiano de forma muito correta (não consigo fazer diferente), seguir a norma, a regra e a lei de forma bem *ao pé da letra*, você começa a encontrar resistências. E ainda mais eu, que sou legalista ao extremo! Ou seja, não consigo fazer porra nenhuma errada... Aí eu sofro, porque tenho arraigado em mim esse código de honra e de moral. E quando a gente tem sucesso profissional por agir assim, acaba atraindo para cima de si uma ciumeira desgraçada! É muito ruim isso, especialmente por parte de alguns colegas na polícia. Este foi um dos preços morais mais altos que já paguei: arriscar mais de uma vez minha carreira militar pelas coisas que acredito. E seguir acreditando nelas, independentemente das consequências profissionais. Eu digo isso porque eu vim (e sempre fiz) o trabalho que chamamos "de rua" dentro da polícia. O trabalho ostensivo mesmo – e muitas das vezes, um trabalho considerado bem pesado. E existia um estereótipo dentro da instituição naquele período de que "*quem fazia o trabalho de rua na polícia era uma pessoa problemática, perturbada...*", entre tantos outros adjetivos para desprestigiar e inferiorizar o profissional que combatia o crime. Só que para quem gosta da burocracia formal, a pessoa apaixonada por manusear papéis e documentos, e que tem prazer nisto (e veja que não é nenhum demérito, muito pelo contrário, esse serviço é necessário...), o risco máximo ao qual ela se expõe é cortar o dedo em uma folha de papel em

>> Patrulhamento na Av. Elísio Cordeiro de Siqueira (Pirituba, 1989).

suas atividades. E o "*problemático*" que trabalhava na rua (neste grupo, estamos eu e tantas outras dezenas de militares do período), é bem nítido que os riscos são extremamente maiores. Assim, é óbvio que tive problemas neste nível ao longo de minha carreira militar...

Eu não tenho problemas com relação a ajudar a quem me procura. Muito pelo contrário: eu praticamente tiro a roupa do corpo para doar para alguém, se precisar. Só que neste mesmo ponto é que as pessoas confundiam meu sentimento de querer bem com o profissionalismo. E tentaram conseguir algumas "facilidades", se eu puder dizer dessa maneira, confundindo a pessoa física com o profissional militar. E esses dois não são passíveis de confusão. Muito pelo contrário: é a mesma situação que acontece na igreja em que eu frequento. Lá eu sou o irmão Paulo. Fora de lá, o coronel Telhada. E eu sei muito bem onde começa um e termina o outro. Eu não poderia, nunca, querer ser o militar dentro da igreja e o irmão no patrulhamento. Tente imaginar que situação mais constrangedora. Não daria certo de jeito nenhum! Por esse mesmo motivo é que meus valores religiosos não irão jamais se confundir ou se misturar com meus valores profissionais. E isso eu posso dizer com certeza: **não irá acontecer.**

E por agir da forma que eu ajo e defender a minha maneira de pensar desde minha juventude é que eu posso dizer que eu não sou e nunca fui "paizão" de tropa. O que eu tentei fazer, contudo, foi *ser sempre muito acessível à tropa*. E neste critério também tentei ser amigo da tropa que comandei. Mas nunca deixei nego nenhum passar a mão na minha bunda, nunca deixei de ser tenente. Para que não confundissem esse acesso que eu permitia com liberdade ou com algo a mais, nunca frequentei as comemorações em que a tropa se reunia, não ia às festas e jamais ingeri bebidas alcoólicas.

Primeiramente porque eu, como tenente, tinha de ser o exemplo. E, em um segundo momento, se houvesse algum tipo de excesso e eu estivesse presente, não poderia deixar passar. Não poderia me omitir perante qualquer tipo de comportamento que fosse além da normalidade. Desta forma, eu não comparecia – por uma decisão pessoal. Certo ou não, é minha forma de pensar.

Outra particularidade minha que considero relevante é a atenção aos detalhes na vida em geral, mas em especial no meio profissional. O militar, praticamente, vive diversas situações inusitadas (nenhum dia é igual ao outro), e são os detalhes que definem se ele será um bom profissional ou medíocre, se terá um sucesso ou não na operação, se estará ou não vivo ao final do turno de trabalho. Posso citar como exemplo uma abordagem malfeita uma vez por um colega, quando uma pessoa se sentiu ofendida e foi representar o militar lá para o comandante da companhia. O que era para ser um ato corriqueiro se tornou um problema gigantesco, pelo motivo de não se dar a atenção devida aos detalhes da abordagem (procedimento padrão). Eu tenho o costume de dizer que *dentro da lei pode-se tudo* – inclusive matar.

Um dos grandes problemas que muito me irritaram ao longo do tempo era quando conseguíamos prender algum suspeito (normalmente pelo crime de tráfico de entorpecentes e pela quantidade de material que carregava consigo) e eu era obrigado a ouvir que os policiais envolvidos "armaram para o suspeito". Normalmente quem faz esse tipo de comentário desprovido de sentido não sabe, muitas das vezes, o tipo de sujeito com que lidamos no cotidiano. Sempre me irritou profundamente algumas pessoas criticarem algo sem conhecê-lo. Infelizmente, em nossa profissão, nós não lidamos com o lado bonito da sociedade, com o lado bacana. Estar na linha de frente implica dizer que o nosso trabalho é de trato constate com o pior lado do ser humano, o lado mais sombrio da sociedade. O lado que quem critica não faz ideia que existe; na verdade, muitas das vezes nem se preocupa em saber...

Por isso, a palavra que carrego e sempre carregarei comigo é hombridade. E para mim ela tem um sentido bem mais amplo do que o tradicional. Além de agir de maneira íntegra e com dignidade (que já é a definição da própria palavra), ela vai um pouco mais além desta. Para mim esse conceito se expande também para "*fazer as coisas corretamente e arcar com as responsabilidades que isso venha a acontecer – tanto para o bem quanto para o mal*". E por causa dele eu tive problemas com pessoas que pediam muitas coisas, mas não compartilhavam dos mesmos princípios e valores que eu. Mas nem por isso eu retirei minha palavra – fiz o que tinha de fazer. Mesmo me complicando posteriormente.

CAPÍTULO 11

AS MAÇÃS PODRES

1986.

Eu estava no tático móvel. 4º BPM. E éramos muito conhecidos ali na localidade. Naquela época, rondávamos bastante o bairro, então fazíamos amizade com facilidade com a população – o pessoal do comércio, os vendedores, o padeiro, os taxistas, enfim, todos que tinham uma empresa ou alguma atividade comercial ali na região. E, neste meio-tempo, tinha o Armando, um taxista amigo nosso. Sempre que íamos comer alguma coisa lá na padaria, o Armando estava e aí nós conversávamos bastante. Ele era um cara bem gente boa. Daqueles com quem é bacana conversar, que não invadem sua privacidade. E o Armando também era criativo: seu táxi andava a gás. Com uma instalação que ele mesmo havia feito. E nessa época, o gás que estou mencionando era o gás de cozinha. Sim, isto mesmo: Armandinho andava com as pessoas com um botijão de gás no porta-malas! Este era o sistema de gás da época – hoje tem sistema de gás geração 4, geração 5... nesta época, era a geração "-1". Fazia-se em casa mesmo ou com uma pessoa que conhecesse um pouco para realizaras adaptações necessárias. **E é óbvio que isso era proibido na época!** Se a polícia rodoviária ou qualquer fiscalização pegasse o carro, ele seria recolhido e o motorista seria preso. Isso foi tão sério que muitas pessoas morreram por falhas na instalação (de forma amadora) desse tipo de sistema. **Aquilo era uma bomba humana!** Além de o indivíduo colocar a vida dele em risco, ele também colocava a vida de todos que estavam ao redor dele! E ainda tinha gente que fazia isso e fumava enquanto dirigia. Se tivesse um vazamento enquanto a pessoa dirigisse... Meus Deus do céu... Pareceria um filme de Hollywood...

E eu só fiquei sabendo que o Armando tinha um sistema desses por causa do que se segue...

Certa vez, Armando estava dirigindo normalmente, guiando seus passageiros e trabalhando como mais um dia comum. Está lá ganhando seu dinheiro, como qualquer trabalhador da época. Só que o Armando já tinha instalado esse "sistema de gás" no seu carro. Ou seja, ele estava irregular. E ali, na frente de Armando e seu táxi, apresentaram-se ao final de sua vista alguns carros na transversal da pista. Ou seja, a algumas dezenas de metros uma batida policial estava operando. Ou seja, se ele fosse parado, não teria solução – acabaria ali seu trabalho. E ainda tinha o cliente que estava no meio da corrida... Dois problemas...

Ele continuou seu trajeto normalmente (e pedindo em pensamentos que não fosse parado). Para sua surpresa (e não tão boa), os guardas estavam parando quase todos os veículos – em especial, os táxis. Ele continuou seguindo, mesmo porque não teria como desviar do ponto de verificação. Não deu outra. Armando também foi parado. Precisou parar próximo de uma das viaturas dos policiais (um fusca amarelo na época).

Ali o desespero tomou conta dele. Se ele perdesse o carro não teria como continuar trabalhando. E sem trabalho, já dá para imaginar o que acontece...

Um dos guardas se aproximou do seu vidro:

– A documentação do veículo, por favor, senhor.

E Armando entregou.

– Sua habilitação também...

E Armando foi entregando tudo, "cagando" de medo de o guarda pedir para ver o porta-malas.

Aí, eis que o guarda solicitou:

– Nós vamos precisar verificar o porta-malas do senhor. Você pode sair do veículo e abri-lo para vermos?

Ali Armando sentiu aquela comichão tirar-lhe o sossego. Iria perder o carro se não fizesse nada...

Abriu a porta.

O cliente continuou aguardando ao lado, no assento do passageiro.

Desceu.

Foi até a traseira do veículo com o guarda.

Aí ele perguntou novamente:

– Vai precisar abrir mesmo, seu guarda?

O guarda, com rosto mal-humorado, respondeu:

– Sim, o senhor terá de abrir...

E lá foi Armando abrir o porta-malas.

E ali surgiu um botijão de gás de cozinha porcamente adaptado no carro (táxi) dele.

O guarda só olhou para ele.

Ele olhou para o guarda. E, então, ele teve a "brilhante" ideia de falar ao guarda:

– Seu Fulano... O senhor está vendo que eu estou aqui trabalhando... Tem até um cliente aqui dentro do veículo... Não tem como a gente resolver isso aqui mesmo?

O guarda titubeou. Não sabia o que fazer. Aí ele falou:

– Estamos eu e meu amigo aqui nesta batida...

Ali mesmo, Armando sacou a carteira bem discretamente e puxou um valor em espécie. De maneira bem discreta, colocou no bolso direito da calça do guarda, de forma a não o verem cometendo esse crime.

O guarda fechou o porta-malas e pediu para Armandinho seguir. Ou seja, os policiais levaram uma grana dele.

Estávamos tomando um café no final do expediente, Cláudio e eu, naquele instante quando o Armandinho, branco feito uma folha de sulfite, veio e se sentou conosco.

Aí, eu perguntei:

– O que foi que aconteceu, Armando?

– Telhada, quase rodei agora!

Ali eu já mudei a fisionomia:

– O que foi que aconteceu?

Aí o Armando contou. Palavra por palavra.

Eu olhei para o Cláudio.

Ele fez a mesma cara que fiz para ele.

Depois de ouvir aquela história, eu falei para o Armando:

– Puta que pariu, Armando... Não pode ser! Você está de sacanagem, né?

Aí ele balançou a cabeça negativamente.

Pensei comigo: Vai se foder... A gente trocando tiro com ladrão na rua e os caras roubando os cidadãos... Um taxista ainda!

Aí eu falei para o Cláudio, com sangue quente:

– Essa não vai passar batido...

O Armando foi rápido: ele pegou a placa da viatura e conseguiu ler o nome dos dois homens que estavam naquela batida. Ou seja, ele tinha todas as informações. Se fosse verdade mesmo, os guardas estariam em maus lençóis...

Saindo dali da padaria, já fiz contato com a RO (Ronda Oficial) do Trânsito.

O Armandinho foi nos acompanhando na viatura.

Paramos o carro dentro do quartel do trânsito.

Não era comum uma viatura de tático móvel naquele quartel.

Assim que chegamos, fomos falar direto com o oficial. Já estava próximo do final do serviço. No horário, o oficial recolheu a tropa toda no pátio. Aí o Armando, que estava lá conosco, fez o reconhecimento dos dois indivíduos. O oficial no pátio já ordenou:

– Vocês dois, podem subir para a sala do comandante.

No mesmo instante, eles já foram encaminhados para a sala do comandante da corporação.

O comandante, ao receber os dois guardas, foi incisivo:

– Tire tudo o que vocês têm nos bolsos.

E os dois começaram a tirar... objeto por objeto...

Aí veio a pergunta que complicou a vida dos dois ali:

– Quanto que cada um tem nos bolsos?

O primeiro já se prontificou:

– Eu tenho vinte... Não cinquenta... Na verdade não sei quanto, senhor!

E o segundo falou:

– Senhor, eu não sei quanto eu tenho nos meus bolsos hoje...

Ali, naquele instante, ficou muito claro que eles tinham cometido um ato grave. Havia uma nota a mais em cada um dos bolsos, que não estava na carteira de ambos.

Ali mesmo, *nós fizemos o flagrante*. Eles foram recolhidos para o presídio militar. Com certeza absoluta, foram expulsos da corporação.

Você acha que eu me orgulhei de fazer isso? Claro que não...

E é uma tristeza muito grande constatar isso, porque somente um desses senhores tinha vinte e oito anos de serviço...

Mas se chegou nesse nível, muito possivelmente não era a primeira vez que o cara fazia aquilo. Ele já devia estar acostumado. E eu não admito cara que usa distintivo, farda, armamento e viatura para ser pior que o ladrão. *Ou o cara faz o serviço correto, ou ele vai ter tratamento de ladrão*. O que não saía da minha cabeça é que se essa situação fosse em época de guerra, ele seria fuzilado...

Prisão e expulsão são os remédios. Não tem choro nem vela.

Uma má postura precisa ser combatida – sempre. Agora, uma parte da população naquela época que também compactuava ou admitia esse tipo de postura estava comprometendo a funcionalidade das operações. Corrupção ativa também é crime...

CAPÍTULO 12
UM CAFÉ INUSITADO

Primeiro semestre de 1985.

No quarto Batalhão, naquela época, quatro tenentes trabalhavam pela noite. E todos nós nos conhecíamos, compartilhávamos as mesmas situações, os mesmos problemas, as difíceis ocorrências e, na medida do possível, nos ajudávamos: no Batalhão e fora dele! Dentro do Batalhão, ajudando em alguma coisa ou servindo como apoio para o militar. Fora dele, nem se fala! Nós honrávamos a farda e sempre estávamos alerta para proteger o militar que estivesse conosco, em qualquer situação, em qualquer ocorrência. Da mesma forma que éramos protegidos por nossos colegas de trabalho. Era uma época que dava muito orgulho de se trabalhar! Era uma união, uma parceria, que é difícil de se ver! Você não queria saber quem era o cara, como ele pensava ou se você tinha alguma diferença com ele – na rua, em meio ao tiroteio, ali um protegia o outro. E ponto. **Essa era a regra que todos seguiam.**

Eu me recordo que um oficial que trabalha comigo, o Ulisses, tinha um motorista na sua viatura cujo sobrenome era Pocidônio. Nós trabalhamos algumas vezes juntos. Se tinha uma pessoa que era calma naquela companhia era o Pocidônio! Ele era moreno, de altura média, aquele cara do tipo pacato, bacana, bom de papo. E, por incrível que pareça, era calmo. Nem fazia bico de segurança na época. Muito pelo contrário, o Pocidônio tinha uma segunda ocupação: era alfaiate. Quando não estava cobrindo ocorrências com a viatura, estava costurando calças, fazendo camisas e medindo ternos e barras para fazer os ajustes para seus clientes. Quem via o Pocidônio cobrindo as ocorrências agitadas com sua equipe naquela época não conseguiria imaginar que ele tinha esse tipo de habilidade fora da polícia...

Depois do turno de trabalho o Pocidônio passou no alojamento naquele dia. Tirou sua farda, colocou sua roupa de civil e saiu normalmente, como sempre fazia. Algumas vezes, saía direto do Batalhão e já seguia para a Rua Tenente Landy, Lapa, onde atendia sua clientela logo em seguida. Meus amigos e eu íamos para outros trabalhos que envolvessem as atividades de proteção e segurança. O Pocidônio ia para o mundo dos cortes, medição, criação de vestimentas e costuras diversas.

E, em qualquer profissão, depois de muitas horas de trabalho, é natural que o corpo "peça" um café que revigore nosso ânimo para a continuidade do dia (ou o término dele). E lá vai o Pocidônio naquela segunda-feira, à paisana, tomar um café no bar da esquina, assim como ele fazia havia tantos anos ali na Lapa. E ele chega lá na entrada, cumprimenta os conhecidos, vai direto à atendente e faz seu pedido daquela tarde: o tradicional café pingado. Sentou-se lá na mesinha plástica vermelha, ao lado do balcão, e fica ali observando o movimento enquanto toma seu café sem preocupação nenhuma. Como todo policial, ele olha de maneira bem ampla, sem nenhum interesse específico, e neste olhar genérico, ali mesmo, ele percebe um movimento estranho no outro lado da rua – *dois sujeitos mal-encarados* estão há bastante tempo só "fitando" um comércio do outro lado do bar, bem em frente. Um branquelo magro e outro mais forte. E ficam ali, conversando entre si e gesticulando de forma bem agitada. Ele já tinha percebido que ali, em pouco tempo, aconteceria alguma coisa.

E militar que é militar mesmo não deixa barato...

Pocidônio foi lá para o balcão. Colocou o dinheiro direto no caixa. Saiu do bar para atravessar a rua. O .38 na cintura, por baixo da camiseta amarela que estava usando naquele dia.

Os sujeitos continuaram conversando... foi quando tomaram a iniciativa.

O Pocidônio ainda estava atravessando a rua quando entraram com toda aquela gritaria no comércio.

– Passa o dinheiro! Passa o dinheiro e ninguém se machuca!

Ele, no meio da rua, já sacou sua arma, antes mesmo de chegar do outro lado da calçada.

E quando aqueles bandidos já estavam batendo em retirada, com o dinheiro todo nas mãos, deram de cara com o Pocidônio...

– É a polícia! Parados!

Mas eles não pararam.

E ambos os assaltantes estavam armados...

... houve tiros dos dois lados...

Pocidônio acertou um deles.

Mas também foi alvejado.

Ainda assim tentou partir para cima deles, na perseguição, enquanto eles corriam.

Um dos assaltantes saiu bem machucado, o outro parece que saiu ileso, pois correu bastante depois da troca de tiros.

Mas Pocidônio não conseguiu correr. Ali mesmo ficou. E os buracos de bala começaram a despejar bastante sangue.

Infelizmente, a ambulância não conseguiu chegar a tempo.

Pocidônio caiu em combate, tentando SOZINHO parar dois assaltantes à mão armada. Um deles ele derrubou. O outro ele não conseguiu...

E o que me surpreende neste meu querido amigo, herói e companheiro, é que ele sucumbiu para defender a população que estava sofrendo uma injustiça ali naquele dia, enquanto estava de FOLGA! O turno dele já havia acabado! E, mesmo assim, ele se arriscou e pagou com a própria vida para defender a sociedade civil. Ele não era obrigado a fazer isso. Podia ter observado tudo ali, do outro lado da rua, enquanto tomava seu café, sem nenhuma preocupação, sem querer se envolver em uma ocorrência no instante do flagrante. Contudo, o que ele fez? Fez o que *um policial que honra a farda e a doutrina policial faria*: foi lá e fez o que tinha de fazer, fez o que foi treinado para fazer. DEFENDER o cidadão. Só que nesta tarde na Lapa, neste assalto, infelizmente, uma fatalidade ocorreu. Uma tarde em que este meu amigo de Batalhão deveria estar costurando, e não atirando em bandidos...

Pocidônio é um policial como tantos outros militares que temos no Brasil: fez o que precisava ser feito. E morreu como tantos outros heróis – no anonimato –, mas com a garantia de que cumpriu seu dever com dignidade. Que agiu com distinção quando precisava ter agido. E não recuou perante o perigo – mesmo sozinho.

Fui ao seu funeral. E enquanto a bandeira do Brasil era baixada juntamente consigo, eu chorei por mais um militar ter sido derrubado covardemente em serviço. Um militar, pai de família, como qualquer outro sujeito trabalhador. Mais uma família ficaria desprovida da presença paterna dali em diante.

CAPÍTULO 13

MEU PRIMEIRO FERIMENTO EM COMBATE [PARTE 1]

17 de agosto de 1990.

Naquele dia as ocorrências tinham sido calmas. Algumas averiguações, uma ou outra eventualidade para se resolver de última hora no Batalhão, mas nada muito incomum. Não tivemos que buscar algum fugitivo em local de difícil acesso ou trocar tiros com vagabundos bem armados e com dezenas de quilos de drogas. Ou seja, esta data de agosto foi um dia habitual – rotina comum do trabalho da ROTA.

Só que naquele dia havia um compromisso marcado pela tarde, uma missão diferente, quando eu chegasse lá no quartel: uma repórter famosa à época, a Marinês Campos, do *Jornal da Tarde*. Era uma repórter bem curiosa e com notável talento, ainda mais pelas coberturas jornalísticas e matérias de destaque que realizava. Enquanto na época uma grande parte das pessoas criticava os trabalhos policiais, as abordagens e os resultados das operações (normalmente dos sujeitos que tentavam trocar tiros conosco), a Marinês *escrevia de uma forma que a população pudesse entender a realidade do policial que estava ali para defender a sociedade*, para acabar com o tráfico de drogas e para frustrar ações de assaltos, de sequestros e outros crimes. Ela e sua equipe estavam sempre com matérias policiais na mídia impressa, mostrando o outro lado do trabalho do policial na sociedade. Só que nesta data em específico ela e sua equipe estavam realizando uma reportagem não muito comum: ela queria mostrar *que os policiais militares tinham religião*. Esse era o objetivo de sua ida lá na ROTA naquele dia. Ela iria entrevistar os policiais de todas as vertentes religiosas e tentar entender suas motivações para trabalhar: os espíritas, os católicos e os evangélicos. Possivelmente, ela iria até mesmo acompanhar os policiais em seu trabalho para dar maior embasamento na sua matéria.

Bom, para mim não tinha problema nenhum. Eu sempre fui evangélico e se ela quisesse falar comigo, eu iria conversar com ela e contribuir para sua matéria no jornal.

Eu precisei falar com o comandante na época, o coronel Tadashi Komata, um comandante exigente e bem criterioso, sobre o que iríamos realizar na operação conjunta da Zona Norte.

Conversamos sobre os detalhes da operação e sobre o que seria realizado. Quando eu já estava para me retirar da sala, o comandante gritou:

– Ô Telhada! Tem uma repórter aí fazendo umas entrevistas... Vai lá e fala com ela...

E eu, sem vacilar, respondi de pronto:

– Sim, senhor!

Aí o comandante, com um ar de preocupação, disse:

– Mas olha lá o que você vai me falar, hein, tenente!

– Pode deixar, coronel – falei com tom de surpresa.

Saí da sala do comandante.

Enquanto me dirigia ao salão nobre da ROTA pensei comigo: *Mas que tipo de coisa eu poderia dizer para a repórter que fosse causar problemas? Ela está fazendo uma entrevista sobre a religião dos militares! Bom, para o comandante me dizer isso ele deve ter os seus motivos...*

Antes de chegar ao local, encontrei a Marinês no caminho. Fomos caminhando até o salão nobre, conversando. Ao nos sentarmos nas poltronas do local, ela abriu seu bloquinho de notas (um caderninho marrom) e, para iniciar nossa conversa, começou com uma pergunta bem introdutória:

– Tenente Telhada, como o senhor entrou para a ROTA?

Aí eu respondi, explicando minha história.

Ela tomou nota.

Em seguida, veio a próxima:

– O senhor é crente?

Respondi que sim. E falei da religião que escolhi para mim e das minhas atividades dentro da igreja.

Ela tomou nota mais uma vez – era bem atenciosa.

Até que ela solta aquela pergunta bem direta, daquela que já acerta direto a boca do estômago:

– O que o senhor sente quando mata alguém?

Aí, correu pela garganta um impulso, saindo como um raio a resposta:

– Eu não sinto nada... Eu não pedi para matar o cara! É sempre em um tiroteio! O cara escolheu o caminho dele na hora... Eu dou voz de prisão! Ele poderia ter se rendido, mas resolveu trocar tiros...

Ela anotava tudo.

– Ali ele escolheu o caminho dele... Ele que puxou a arma para mim! Eu não mato ninguém... o cara é que se mata!

(E engraçado! Desde essa época eu penso assim. Eu não sinto nada quando mato alguém. Absolutamente NADA! Mesmo porque eu não saio para a rua para matar ou para "brasear" um indivíduo na troca de tiros. Mas eu também não saio para MORRER. Eu tenho filhos, agora tenho até netos, e eu não quero morrer antes da hora não...)

Marinês continuou com todo fôlego na entrevista.

Pergunta após pergunta. E anotando tudo. Parecia um filme.

Aí, após uns trinta minutos da entrevista, ela encerrou e agradeceu.

Neste instante, eu olhei para a Marinês e falei:

– Eu é que agradeço! E se precisar de mim, estarei lá no pátio arrumando a viatura.

Despedimo-nos e rumei para a barca.

Lá fora, o pessoal estava arrumando o veículo: o Arnaldo (motorista), o Rosivaldo e o cabo Gimenez. Cumprimentei os rapazes e já fui me apressar em separar os armamentos. Conferi tudo, deixei pronto para o uso e, inclusive, arrumei a munição química naquela tarde. Nós teríamos que cobrir dentro de alguns instantes aquela operação conjunta e tudo tinha que estar impecável para o instante que saíssemos. E eu sendo tenente, a responsabilidade do pelotão era minha...

Quando estamos perto de terminar tudo, chega lá um soldado ao lado de nossa barca e se apresenta para nós:

– Com licença, tenente. O coronel quer falar com o senhor!

Eu olhei para o soldado e, meio desconfiado, falei:

– Eu mesmo, soldado? O comandante quer falar comigo?

– Sim, senhor!

– Tá certo... Avise ele que vou subir.

Em silêncio, todos os meus companheiros ali na viatura olharam para mim. Eu retribuí o olhar. Eu também estava curioso para saber o que viria dessa vez...

Subi.

– Com licença, coronel... O senhor pediu para me chamar?

O comandante me deu aquela olhada, mas uma olhada dura, e disse:

– Seu filho da puta... O que você arrumou?

Eu fiquei sem nenhuma reação ali. Até pensei em esboçar alguma reação, mas foi sem sucesso. Não deu nem deu tempo de falar nada, porque o próprio coronel Komata continuou:

– Eu mandei a repórter sair com o Meier, que é espírita, e ela não quer ir, pô! Ela quer sair na viatura contigo, porque você é crente! Porra, Telhada! Você fica matando os outros por aí e agora a repórter quer acompanhar a rotina policial na sua viatura!

Eu não sabia se ficava feliz ou triste.

– Mas, comandante!

– Ela vai contigo cobrir o seu dia... Pronto, resolvido!

Eu fiquei ali, sem esboçar nenhuma reação. E ele seguiu sua fala (e ordem):

– ... Mas olha lá o que você vai me aprontar, hein! Pelo amor de Deus!

– Ô coronel! Eu vou trabalhar normal.

O coronel só me deu aquela olhada que quem é militar já conhece. Eu já havia entendido o recado.

>>>>>>>>>>>

Quando cheguei à veraneio antiga que usávamos, lá estavam a Marinês e seu fotógrafo, o Sérgio Amaral. Nós conversamos, avisei a equipe do trabalho, do que eles iriam realizar naquela tarde conosco, e rapidamente e eles se acomodaram no banco de trás da viatura, bem ao meio, entre o Rosivaldo e o Gimenez.

Viatura em ordem.

Armamentos conferidos.

Munição completa.

Todos acomodados.

Saímos para a operação do dia– que era um patrulhamento conjunto preventivo na Zona Norte.

Enquanto estávamos ali rodando, a Marinês ia perguntando algumas coisas. Ora eu respondia, ora os rapazes respondiam. Aí, do nada, ela me perguntou algo direcionado:

– Tenente, dentro da operação, qual a coisa mais difícil para você?

Eu estava no banco da frente. Eu dei uma olhada no retrovisor direito. Parei e pensei. Aí, logo em seguida, eu respondi:

– A coisa mais difícil para mim, Marinês, *é quando eu chego para atender uma ocorrência e o bandido que eu prendo é crente!*

Ela somente continuou a me olhar.

– E muitas vezes é da minha igreja! Aí você vai ver (puxar a ficha dele) e descobre que até mesmo a família dele é conhecida. Isso é o pior para mim... ou o mais difícil, como preferir.

Ela tomou nota mais uma vez. Marinês e seu caderninho eram inseparáveis!

Neste momento da conversa havíamos chegado lá no Alto da Brasilândia, mais especificamente no Jardim Maracanã.

Alguns civis estavam na rua enquanto passávamos. E íamos observando todo o movimento. Até que o Rosivaldo, lá do banco de trás, fala:

– Chefe, olha aqueles dois lá! O sujeito branco e o negro. Estão meio suspeitos...

Rosivaldo tinha um olhar apurado.

Paramos a viatura de forma brusca próximo aos dois indivíduos e, abrindo as portas daquela veraneio de maneira rápida, fizemos a abordagem:

– Senhores... Documentos!

Essa era a abordagem inicial. Naquele período, como as telecomunicações não eram todas integradas, se não estivesse com um documento de identificação consigo, nós levávamos para o distrito para *averiguação*. O nome desse tipo de procedimento era *Detido para averiguação*. Só que o documento mesmo que nós aceitávamos – e que era incontestável – era a carteira de trabalho (de preferência, assinada).

Documentos entregues em minhas mãos. Aí, perguntei:

– Algum de vocês já cumpriu pena?

O jovem branco já respondeu de forma marrenta, sem perder tempo:

– 157, senhor...

Ou seja, o vagabundo já tinha sido preso por roubo.

O outro jovem começou a se tremer todo. Com a voz trêmula, quase que de choro mesmo, ele falou:

– Não, senhor... Não tenho nada...

Eu já estava vendo a cena: o cara todo tremendo, com voz alterada, falando que não tem nada!? A linguagem corporal dele falava exatamente o contrário! Devia estar querendo ocultar alguma coisa naquele instante. E eu, militar, que já tinha visto e vivido muita coisa, peco pelo excesso de zelo, e não pela omissão. Ou seja:

– Podem entrar os dois na viatura! Vamos fazer averiguação lá na delegacia!

E os dois sujeitos subiram. O branco subiu de forma normal. O outro subiu se lamentando, se tremendo todo. Parecia que ia chorar naquele momento.

Os repórteres só olhavam tudo que estava acontecendo ali.

Entramos todos no veículo e nos direcionamos para a delegacia. Enquanto estávamos ali, eu perguntei para os presos:

– Qual o nome de vocês?

Aí aquele sujeito que foi preso pelo artigo 157 me respondeu:

– Natanael.

Na hora eu já me toquei! Natanael!? Porra, isso é nome de crente!

Virei, olhando para trás, e encarei o sujeito "olhos nos olhos":

– Você é crente?

– Eu não... Deus me livre!

Pensei comigo ali: *Esse daí é um* 'mala' *mesmo...*

Ali eu, já meio irritado, perguntei:

– Por que "Deus me livre", rapaz?

– Porque eu não sigo religião nenhuma não, senhor... Meus pais são!

A repórter ali no banco de trás já arregalou os olhos.

– De que igreja? – perguntei.

– Congregação Cristã do Brasil.

Aí eu, já puto da vida, soltei:

– Você devia tomar vergonha na cara também e ir para a igreja, seu safado! Se você estivesse na igreja, não seria preso agora!

O outro sujeito soltou um comentário que mudou o humor de todos na viatura:

– Tenente... Tenente! Eu também quero ser crente!

Todo mundo deu risada. Todos, sem exceção! O cara está com tanto medo por ter sido levado para averiguação, e dentro de uma viatura da ROTA ainda, que **"na mão da ROTA" o sujeito quis até virar crente naquele instante.**

Em seguida paramos no 45º DP. Ali apresentamos a ocorrência e fizemos toda a papelada. Como não tinha computador naquela época nos DPs, ficamos lá preenchendo tudo e aguardando o seguimento da parte burocrática. Fomos apresentar a ocorrência para o delegado de polícia que estava de plantão. O Arnaldo e o Gimenez foram falar com ele e o Rosivaldo e eu ficamos na papelada, juntamente com a Marinês e o Sérgio. Até aí, tudo seguindo normalmente. Até que...

... surgiu uma mulher. Mas não uma mulher comum... Uma mulher alta, forte, com uma criança nos braços e outra puxando pelas mãos, gritando, desesperada, em direção à sala do delegado:

– Vocês têm que me ajudar! Eu preciso da ajuda de vocês! Pelo amor de Deus! Pelo amor de Deus!

E ela passou pelo meu lado. Eu parei aquela papelada toda e abordei essa senhora:

– Minha senhora, o que aconteceu?

– Vocês têm que ir lá na minha casa... Vocês têm que ir lá! Eu não aguento mais!

Nisso ela começou a chorar. Na verdade, soluçar de choro. Com as crianças (uma na mão e outra no braço). A cena era desoladora para quem não estava acostumado ao dia a dia de uma delegacia.

Marinês, atenta a tudo isso, já se "ligou". Ali tinha uma ótima matéria jornalística criando forma, se desenvolvendo... Quem sabe um furo jornalístico!?

Detrás dessa mulher, surgiu um indivíduo bem magrinho, de meia-idade. Todo tatuado. Uma cara fechada, carrancuda. Só de olhar, ele tinha o estereótipo do "*mala*".

Eu vi tudo acontecer ali na minha frente e já pensei comigo mesmo: *Hum... Aí tem história...* Com o tempo de profissão, só de olhar você já sente que algo diferente vai acontecer.

E a senhora, em prantos, descontrolada, gritou:

– Ele é meu marido!

E neste instante ela solta o menininho que estava na sua mão, dá uma chacoalhada no marido e o vira em um só movimento. E aponta para trás da cabeça dele, uma marca não muito familiar...

– Vejam esse risco aqui! Meu marido tomou um tiro na cabeça!

E era verídico. Ele tomou um tiro mesmo. Tinha somente aquele "rastro", aquela marca de bala que passa de raspão.

Aí, falando em alto tom para toda a delegacia ouvir, ela continuou a explicar a história. Com o marido dela ao lado. E, em síntese, tinha acontecido o seguinte:

Eles moravam em uma rua no período que se chamava Rua Cecília Moreira, nº 3, lá na Brasilândia. Eles tinham "contato lá na vila" (foi exatamente assim que ela descreveu para dizer que não faziam alguma coisa ilegal), e uns vagabundos estavam rondando aquela área. Só que eles entravam na casa dos moradores. E não eram barracos, eram casinhas de alvenaria mesmo. Esses delinquentes colocavam o pessoal para fora, na força mesmo, armados, e ameaçavam eles de morte. E o que fizeram: eles colocavam os parentes do "*mala*" que tomava a casinha dos outros para morar na casa do pessoal que foi obrigado a sair... Isso em 1990! *Bandido já tomava o que era dos outros bandidos!* Resumindo em uma frase: eram uns bandidos que tiravam outros bandidos de casa.

Assim que a mulher terminou de falar, eu olhei para o Rosivaldo. Ele retornou o mesmo olhar que dei para ele. Aquele olhar de "*Puta que pariu... Vamos ter que entrar em briga de bandidos?* Isso não vai dar em nada...". E não daria mesmo! Juridicamente falando, se nós entrássemos lá e prendêssemos todos os que expulsaram os dois da moradia, como a mulher que estava ali gritando na delegacia iria alegar, ou melhor, comprovar que ela era a dona do local? Ela precisaria ter uma matrícula do terreno, ou melhor, da casa como um todo. E, quase sem sombra de dúvida, ela não deveria ter isso. Ou seja, seria um trabalho arriscado que poderia acabar em nada. Tirando a possibilidade de haver troca de tiros, de vítimas...

Ou seja, era uma ocorrência daquelas em que seria muito difícil ter sucesso.

Aí eu pensei: *O cara era bandido... a mulher possivelmente também... Porra... será que vou ter que entrar nessa briga... será que eu vou ter que resolver essa?*

Foi eu terminar de pensar isso a Marinês vira para mim, comovidíssima com a história da mulher, e quase que em prantos, me fala:

– Tenente, o senhor vai lá, né? Olha o estado dessa mulher e das crianças!

Isso era tudo o que eu não precisava naquele instante!

Aí eu pensei rapidamente: *Mesmo com todo esse contexto (do qual possivelmente ela não faz nem ideia), se eu falar que não vou cobrir essa situação ela falará que eu desprezei as vítimas, seja por causa da cor, da situação social... Ou seja, será uma merda só.*

Eu esbocei uma reação, mas a Marinês foi mais rápida ainda:

– Tenente, olha a situação dela!

Isso saiu quase que como um pedido, uma solicitação sem possibilidade de recusa.

– Tá bom... Eu vou.

Solicitação atendida.

Mais uma missão para ser cumprida.

Marinês sorriu para mim.

Eu dei um "sorriso amarelo" em retribuição.

Lá dentro de mim, bem lá no fundo, *eu sabia que iria dar merda nesta ocorrência...*

>>>>>>>>>>>

Tomei nota dos dados.

Avisei minha equipe.

Terminando a ocorrência com os dois rapazes nós estaríamos a caminho da Brasilândia.

Aí falei com a mulher que fez a queixa:

– Minha senhora, nós vamos apresentar a ocorrência, e para isso precisamos que vocês nos acompanhem para identificar os sujeitos...

Ela não esperou nem eu terminar a frase! Deu uma batida brusca no meu peito e disse assim:

– Eu não vou lá não! Já atiraram na cabeça do meu marido! E se fomos lá de novo vão atirar na gente!

Ok, o medo dela era justificável.

– E como são os caras? – eu perguntei.

– É um tal de "Xana" e um outro, "Davi". O Davi é fácil de saber quem é porque ele tem uma tatuagem em um dos braços escrito DAVI em verde.

Neste instante eu olhei para o Arnaldo. Não precisava nem falar nada...

Como era o meio da tarde ainda, resolvemos esperar anoitecer. Pelo simples motivo de não chegar lá pela tarde e não encontrar ninguém na casa, dar com a "cara na porta". Precisaríamos fazer a abordagem com todos lá dentro, ou seja, mais para o período noturno, para dar um flagrante em todos e prender todo mundo. Então, assim que terminamos a parte burocrática da ocorrência anterior, fomos tomar um café e aguardar o horário que combinamos: sairíamos às 18 horas do Batalhão para a Brasilândia. Sem mais nem menos tempo.

E enquanto fomos tomar um café, a Marinês e o fotógrafo foram conosco. *Ela fazia uma pergunta seguida da outra*, de forma incrível: Por que eu sou crente? Como eu virei crente? O que eu achava de ser crente? O que tinha as coisas de crente a ver com a polícia? Uma seguida da outra... E eu ia explicando uma a uma para ela, no meu ponto de vista. Ficamos uns trinta entre as perguntas e a cafeína.

Aí, voltamos.

Subimos na barca. Todos.

E rumamos para o endereço que nos passaram.

Às 19h30 estávamos lá na rua, exatamente no local indicado.

A ação iria começar.

CAPÍTULO 14

MEU PRIMEIRO FERIMENTO EM COMBATE (PARTE 2)

17 de agosto de 1990.

A rua era um pouco estreita. Tinha uma curva bem acentuada para a esquerda. Na esquina oposta havia um barzinho, do lado direito. Ele estava fechado.

A noite ameaçava chuva, com nuvens pesadas acima de nós. Alguns raios eram notados no céu, mostrando por instantes bem breves as ruas extremamente mal iluminadas.

Nós estávamos subindo a rua. Mais algumas dezenas de metros e encontramos a casa mencionada. Era a terceira do lado direito.

Ali não era uma favela, muito pelo contrário. Eram casebres bem simples, de alvenaria mesmo. Só que em cada terreno da rua havia bastantes casinhas.

Estávamos em frente ao muro da casa nº "3" escrito com tinta de pichação na entrada. Era essa a casa.

Paramos a barca.

Tudo escuro.

Não tinha nenhuma iluminação – nem dentro do terreno nem no lado externo (na rua). Ali teríamos de aguçar os sentidos e prestar bastante atenção, pois em algum lugar dali poderia haver sujeitos armados ou alguma emboscada.

O portãozinho estava destrancado. Abrimos e entramos no imóvel.

(O motorista ficou juntamente com a viatura. A repórter e o fotógrafo estavam dentro dela).

O terreno era em declive, com muitos cômodos lá dentro. E estes tinham o formato de "U", da esquerda para a direita. Ou seja, havia muitas famílias que moravam ali naquele terreno.

Ali, bem na entrada mesmo, eu virei para a equipe e falei:

– Bom, seguinte, pessoal: já vamos chegar chegando! Nós vamos entrando em cada uma das casas para tentar achar os sujeitos...

Todos acenaram com a cabeça.

Aí mostrei o primeiro cômodo que iríamos.

Todos seguiram atrás de mim.

E assim foi.

Chegando lá eu nem esperei: já enfiei o pé na porta. **Como o tenente é o primeiro que "cai pra dentro"**, o pessoal adentrou logo atrás dando cobertura. Eu gritei:

– Mão pra cabeça... É a polícia! Polícia!

Eu derrubei a porta no pé. Ali tinha um sujeito assistindo à televisão, cercado de crianças. Pegamos ele no "efeito surpresa". Não deu nem tempo de o vagabundo levantar do sofá...

– Qual seu nome? – perguntei.

– Alexandre.

– Qual seu vulgo?

– Eu não tenho vulgo, senhor!

– Você não tem vulgo, é!? Você é o Xana, não é?

Ele ficou em silêncio.

– Você mora aqui?

– Moro sim, senhor.

– Mora com quem?

– Moro com minha "mina"!

– O quê? Você mora com sua mina aqui, seu filho da puta! Você invadiu esse barraco! Esse barraco nem é seu!

O cara gaguejou...

– Hã...

E eu continuei, com a adrenalina pulsando nas veias:

– Qual o nome da rua aí na frente?

– Ah, não sei...

– Como você não sabe o nome da rua em que você mora? Seu safado... Seu pilantra! Mete o grampo nele!

E ali conseguimos pegar o "Xana", de primeira.

Deixamos ele ali algemado. Agora tinha os outros locais dentro do terreno.

– Vamos procurar o Davi – falei.

E começamos a bater de cômodo em cômodo. O segundo estava trancado. O terceiro, também... Aí pensei comigo: *Porra, isso aqui não vai dar em nada... E a questão de ter o documento do terreno para provar quem era o dono daqui continua na minha cabeça... Enfim... Vamos seguir a missão.*

E depois de verificar todos os outros locais, um a um, não obtivemos sucesso. Todos estavam apagados. E ninguém saiu. Só havíamos conseguido adentrar em um porque estava acesso. No resto, não tinha ninguém. Ao que tudo indicava, nossa busca terminava por ali.

Aparentemente...

Terminado o último cômodo, o Gimenez veio e me indagou:

– Tenente, não me leve a mal, mas aqui tem alguma coisa errada...

– Por quê?

– Sabe aquele segundo barraco aonde que fomos, logo depois daquele em que pegamos o Xana, que estava trancado?

– Sei...

– Então, a hora que nós chegamos, eu olhei por debaixo da porta e vi uma fresta com luz acessa... Olha lá agora!

Eu olhei. E a luz estava apagada.

Raciocínio rápido: tinha alguém lá dentro!

– Vamos lá ver, Gimenez! Vem comigo.

Voltamos lá.

Comecei a bater na porta.

Nenhuma resposta.

Aí gritei:

– Abre a porta! É a ROTA!

Aí, lá no fundo do cômodo, ouvimos:

– Já vai... Já vai...

A porta abriu só um pouquinho e já saíram duas crianças correndo, bem pequenininhas mesmo. Saíram e passaram correndo pelo meio das minhas pernas. Eu até levei um susto!

Depois que elas correram, fomos entrando naquele local todo escuro, sem janelas. Enquanto caminhávamos bem lentamente, estávamos com as armas a postos.

Dados alguns passos, reparei que havia uma lâmpada na minha frente, bem no meio do cômodo. Era uma daquelas em que precisava tocar um fio com a ponta desencapada para funcionar. Não tinha interruptor. Aí eu toquei os fios um no outro para poder acender o ambiente.

Quando o fiz, no canto direito do ambiente, assim que tudo se acendeu, vi um homem em pé, com uma arma na mão já...

>>>>>>>>>>>

A hora que vi...

POWWW!

Ali eu só senti o tranco.

Meu corpo tomou um solavanco para trás.

Na mesma hora que eu tomei o baque, eu também atirei.

E o Gimenez, logo atrás de mim, também atirou.

Comecei a sentir um calor desmedido. A sensação era de ter o braço embaixo de um chuveiro com água bem, mas bem quente.

Pensei comigo: *Caralho!* Aí eu olhei a minha mão esquerda: ela estava toda ensanguentada. E eu estava com o capote por cima! E mesmo assim o sangue escorria.

Eu falei, assustado pra cacete:

– Caralho, Gimenez! Fui baleado!

– Ô chefe, você tá legal?

– Tô sim...

Mas não estava porra nenhuma!

Guardei minha arma no coldre. Primeiramente, me deu um "cagaço". Logo em seguida, um desespero! A impressão que dava era de que eu ia *morrer de hemorragia ali mesmo.*

Eu nunca tive um ferimento assim! A bala entrou no meu braço esquerdo de um lado e saiu do outro, ou seja, DILACEROU MEU BRAÇO. E o sangue saía aos borbotões...

Como nós estávamos na adrenalina, com o coração pulsando "a mil", tenho certeza de que isso ajudou ainda mais o sangue a correr mais forte. E o sangue passou a escorrer cada vez mais pelo meu braço, pingando pela minha mão e fazendo uma poça bem considerável no chão... O sangue era de um tom vermelho-escuro, bem forte.

– Se continuar sangrando assim eu vou para o saco, Gimenez!

– Calma, chefe! Não vai não... Calma... Calma...

Só que o sujeito que nos recepcionou "na bala" também estava baleado. Ou seja, eu precisava prestar socorro para ele ali também! Mesmo porque, tanto o Gimenez quanto eu acertamos o indivíduo: ele foi "braseado" em dois pontos distintos na altura do peito. Estava em situação mais grave que a minha.

Aí eu comecei a gritar:

– Tô baleado! Tô baleado!

O Arnaldo, lá no carro, assim que ouviu o início do tiroteio, pediu apoio na viatura:

"ROTA COMANDO 1... ROTA COMANDO 1. TIROTEIO... AQUI NA RUA CECÍLIA MOREIRA, NÚMERO 3..."

E as barcas que estavam no patrulhamento ali próximo, na Zona Norte, começaram a encostar.

Eu, cambaleante, levantei e comecei a andar. Fui em direção ao sujeito, que também estava caído, para ver o estado dele. Ele estava sem camisa. O sangue escorria pelos buracos de bala. E o que encontrei em um dos braços dele, escrito em tinta verde? "D.A.V.I.".

Era o homem que estávamos procurando.

Era o vagabundo que estava tocando terror nos outros, expulsando o pessoal de suas casas e colando vagabundos para morar nelas.

Eu falei para o Gimenez:

– Gimenez, segura o posto aí que eu vou subir...

– Tá certo, chefe.

E eu lembro como se fosse hoje: segurei meu braço. Doía, mas doía como algo que eu nunca senti na vida! Eu comecei a subir, meio torto e cambaleante. A adrenalina havia baixado bastante, e neste instante comecei a sentir o que é dor de verdade. Meu braço tinha um buraco dos dois lados dele: um onde entrou a bala e, do lado oposto, onde ela saiu...

Cheguei na viatura:

– Arnaldo, estou baleado.

– Calma aí, chefe...

E ali mesmo o Arnaldo começou a preparar um torniquete. Ele tirou o meu "fiel"[1] e eu levantei a manga. Meu braço estava todo inchado.

Naquele momento em que o torniquete estava sendo preparado, encontrei o pessoal da imprensa. A Marinês arregalou os olhos. O Sérgio não tardou para começar a tirar as fotos. Como eu não sabia o que iria acontecer, não deixei eles descerem.

A Marinês começou a chorar:

– Telhada! Pelo amor de Deus!

– Calma que eu estou mais nervoso que você. Não precisa chorar...

– O que eu posso fazer?

– Nada... Deixa ele fazer os primeiros socorros aqui. Agradeço.

Enquanto o Arnaldo me socorria, os rapazes trouxeram o cara baleado.

Em seguida, começaram a chegar outras equipes.

Como eu sou policial, meu objetivo é ficar ali aguardando o apoio chegar para socorrer a vítima. E assim eu fiz. Fiquei ali, com o torniquete, sangrando ainda. Assim que chegaram, esperei eles socorrerem o *mala* primeiro. Depois disso, eu fui socorrido. Ele foi para o PS da Freguesia do Ó.

Eu fui guiado pelo Lopes, na viatura ROTA 029 (91029), e rumamos para o PS de Pirituba.

---

1 Fiel é um cordãozinho que segura o revólver no ombro para os casos em que o policial precisar andar em terreno acidentado. Se a arma cair, ela ficar pendurada, não se perder na mata, por exemplo.

Esse tiroteio havia chegado como prioridade na rede rádio. Por isso, quando entrei na viatura, eu falei:

"ATENTO COPOM, COMANDO UNO. TENENTE TELHADA MODULANDO... ESTOU BALEADO, MAS ESTOU BEM. ESTOU SENDO SOCORRIDO SENTIDO PS PIRITUBA. AS VIATURAS QUE ESTÃO A CAMINHO VÃO PARA O LOCAL PARA FAZER A PRESERVAÇÃO DELE, PEGAR DETALHES. POSTERIORMENTE EU ENTRO EM CONTATO".

Eu, com uma dor filha da puta no braço, gritava no carro:

– Vai, Lopes! Corre!

E o Lopes corria como um doido, cortando o trânsito e manobrando entre os carros. Só que, enquanto ele manobrava, eu era arremessado de um lado para o outro:

– Porra, Lopes, vai devagar! Você vai bater a viatura!

E ele diminuía a velocidade.

E o meu braço voltava a pulsar uma dor insuportável:

– Vai, Lopes, acelera essa viatura, cacete!

O Lopes olhou para mim, bem no olho, e disse:

– Caralho, chefe! Eu vou devagar ou corro com essa porra?

– Vai devagar... Não... Não... Ai... vai... Vai!

E fomos nesse papo maluco e brigando até chegar ao Pronto de Socorro de Pirituba.

Quando eu cheguei para ser socorrido, havia algumas viaturas da ROTA paradas no local, algumas viaturas do 4º Batalhão do Tático Móvel, outras do 18º do Tático Móvel, ainda algumas viaturas do Trânsito, outras do Policiamento Feminino e um pessoal da Polícia Civil. Quando eu desci da barca, sentido à Emergência do PS, um monte de policiais estava em volta de mim. Foi uma sensação de união e de ajuda mútua que não dá nem para descrever...

>> *Jornal da Tarde*. Terça-feira, 21 de agosto de 1990.

jornal da tarde

Cr$ 40,00 Terça-feira, 21 de agosto de 1990. Número 7.596 Ano 25

Em ação, os soldados de Cristo.

Nas ruas, com armas pesadas, eles caçam bandidos. Nos templos, com a Bíblia nas mãos, eles ajoelham e pedem a Deus perdão por terem tirado a vida de alguém. Reportagem de Marinês Campos e fotos de Sérgio Amaral/AE.

O soldado de Cristo é ferido, mata e vai rezar.

No comando da Rota 91002, o tenente Telhada sai para mais uma noite de trabalho, desta vez com um destino certo: prender o bandido Davi, que assaltou e expulsou uma mulher de sua própria casa.

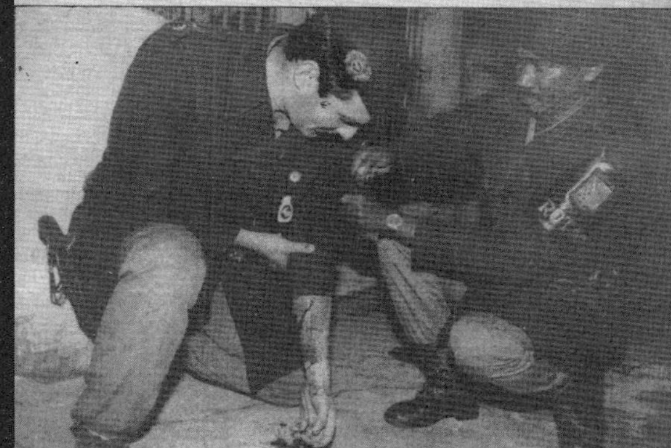

O bandido abre a porta e dispara três tiros. Os policiais respondem. No tiroteio, uma bala atinge o tenente. Outras ficam cravadas no corpo de Davi, um homem de 22 anos.

Assim que eu adentrei na sala de Enfermagem, a moça que me atendeu quis rasgar o meu capote para fazer o que precisava ser feito com meu braço. Só que eu contestei na hora:

– A senhora me desculpe, mas não vai rasgar o meu capote não...

– Então o senhor, tenente, remova ele para mim, por favor...

E ali eu paguei com minha língua!

Meu braço estava inchado e bem sensível. E o capote grudou nele, tanto por causa do sangue quanto pelo tamanho que este estava. Parecia que eu estava com uma perna no lugar do braço, de tão inchado que estava!

Com muito custo e ajuda, consegui removê-lo sem rasgá-lo. Mas ali eu vi a dificuldade que tive. Praticamente senti uma dor na alma. *Quase me caguei todo de dor...*

Enfim, meu braço todo ensanguentado estava lá para ela fazer as suturas e cuidar dele da melhor forma.

E assim aquela dedicada enfermeira o fez.

Só que, em determinado momento, ela falou:

– Tenente, o senhor terá de tomar três injeções. Uma para...

Não deixei nem ela terminar a frase:

– Me desculpe, mas injeção eu não tomo!

– Eu não estou pedindo para o senhor tomar, não. Eu estou somente informando que vai precisar tomar... É obrigatório nestes casos!

Que noite maldita! Depois de tudo isso, eu ainda precisava tomar injeções!? Eu ODEIO injeções! Tenho uma antipatia danada por elas...

– A primeira é para cessar a dor de seu braço para poder terminar as suturas, a segunda é uma antitetânica por causa da bala e a terceira é uma *Benzetacil*, por causa da possível infecção que possa ocorrer.

Eu olhei o meu braço. Eu via os buracos que a bala fez nele.

Eu sentia meu coração bater. E enquanto ele batia, *o sangue era expelido pelos buracos da bala*. Era estranho ver aquilo!

Aí a enfermeira fez o tamponamento.

E eu fiquei uivando de dor.

Aí, veio a palavra mágica:

– Agora o senhor vai precisar tomar as injeções!

– Eu não vou tomar!

– O senhor vai tomar!

– Eu não vou tomar!

– Vai sim!

– Eu não vou tomar de jeito nenhum!

– O senhor não vai tomar? Então eu vou ali fora chamar os guardas para te segurar enquanto eu aplico as injeções...

E ela saiu da sala.

E voltou com quatro policiais!

Eles, na porta mesmo, ali falaram:

– Ó chefe, ou o senhor vai tomar essas porras ou nós vamos ter que segurar o senhor.

– Não, não precisa. Então eu tomo isso!

Mesmo a contragosto, tomei as três.

A primeira foi local. No braço mesmo – para parar a dor. Deve ter sido morfina aquela coisa! Doía muito mesmo, não era frescura! Mas, logo depois de aplicada, eu comecei a não sentir nada a partir daquele instante. Simplesmente cessou a dor!

Pensei: *Caralho!*

Logo depois, a antitetânica.

Em seguida, ela veio com a injeção de *Benzetacil®* para ser aplicada na bunda.

Aí eu insisti:

– Não vou tomar essa não!

– Vai sim. Se não for, eu chamo novamente os policiais lá fora. Simples assim!

Daí ela me convenceu...

– Tá certo, aplica aí...

Baixei as calças e ela deu aquela injeção dolorida.

>>>>>>>>>>>

Após sair com o braço engessado de lá (eles faziam isso na época), o mais difícil foi aguentar a "zoação" do pessoal que estava lá fora. Só porque eu estava baleado e não queria tomar injeção, virei motivo de chacota de todos!

Saí do Pronto-Socorro de Pirituba.

Havia muitas pessoas lá fora. E é bacana de ver o rosto das pessoas quando notam que você está bem. Você vê o rosto de alívio do pessoal. A gente já socorreu tanta gente baleada e normalmente é no peito, na cabeça... Aí quando eles veem que você está bem dá um conforto, uma sensação de tranquilidade.

Foi muito especial ver tantos colegas de trabalho, amigos, pessoas com as quais cobri várias ocorrências juntos, companhias e batalhões ali na expectativa de ver se eu estava bem. Senti alegria e entusiasmo em ser um policial da ROTA e poder viver aquele companheirismo e sentimento de união, na rua, saindo do Pronto-Socorro, com companhias distintas. E todos ali, por causa do ferimento de um militar. É uma sensação indescritível.

Só que a ocorrência ainda não havia terminado.

Eu fui medicado.

E estava bem.

Aí fomos para o Distrito.

>>>>>>>>>>>

Depois disso tudo, como praxe policial, precisamos ir ao distrito apresentar a ocorrência. Eu tive de assinar uma ocorrência de RSM (Resistência Seguida de Morte). O sujeito que me acertou o disparo não resistiu ao disparo do Gimenez e ao meu. Acabou vindo a óbito no Pronto-Socorro alguns instantes após o ocorrido.

Após isso, voltei ao 45º DP. Assim que eu chego lá, quem estava sentada bem na entrada? Aquela mesma mulher forte com as crianças!

A primeira reação dela foi de surpresa:

– Nossa, o senhor foi baleado!

Aí eu falei:

– Sim. E estou bem...

– O senhor me perdoa... Eu não queria que isso acontecesse...

– Tudo bem. Não foi culpa da senhora. Nós fomos atender ao seu pedido...

– Ah, eram eles mesmos, viu! Esse que está aí, o Xana, ele é um safado! Ele tá preso! Eu já vi ele!

– Era ele mesmo?

– Sim, é.

– E o outro era o Davi?

– Era ele mesmo. Um loirinho... Cara maldito! Vivia atirando em todo mundo! Enfiava a arma na boca das crianças...

(Lembra-se das duas criancinhas que saíram correndo pela porta? Ele usava crianças para chantagear as pessoas, como reféns.)

Do lado oposto, a alguns metros dali, havia mais algumas pessoas, parecia uma família inteira, lá no fundo do corredor.

A mulher continua falando, sem parar. Xingando e amaldiçoando os dois bandidos. Eis que, de repente, chega um policial até mim e pede licença:

– Chefe, ali estão o pai e a mãe de um tal de Davi... Eles querem falar com o senhor.

Puta que pariu!, pensei. Respondi para o policial:

– Caralho! O que eu vou falar para eles? Que eu matei o filho deles?

– Eu não sei, chefe... Não sei mesmo. Mas eles já estão cientes de que o filho deles morreu não faz muito tempo lá no Pronto-Socorro.

Ali mesmo me despedi da mulher com as crianças.

Ela me agradeceu, com lágrimas nos olhos.

Eu somente sorri. Não tinha o que dizer. Eu não tinha feito mais do que a minha obrigação.

A hora em que olhei aquele corredor, eu vi duas pessoas desoladas. Um pai já de idade, e uma mulher um pouco mais nova. Ambos com feição abatida – possivelmente pelo choro da perda. Ali, a cada passo que eu dava em direção a eles, mais o peso me batia. É claro que eu não gostava de matar ninguém – mesmo porque eu revidei o disparo –, mas ter de conversar com os pais de um jovem cuja vida eu acabei de tirar possivelmente é uma das piores coisas a se fazer. Mesmo assim, eles queriam falar comigo. E o mínimo que eu poderia fazer seria dar-lhes toda atenção e esclarecer os fatos. Possivelmente eles não sabiam o que, de fato, teria acontecido.

Lá do fundo eles olharam para mim.

Eu olhei para eles, enquanto me aproximava.

Naqueles instantes, o tempo passou devagar. Cada passo parecia demorar muito mais do que de fato demorava.

E esses pais não tinham raiva no olhar. Muito pelo contrário.

Eu segui caminhando, sem esboçar nenhuma reação.

– Boa noite, senhores.

– Boa noite, tenente.

– Olha, os senhores são os pais do Davi?

– Sim, somos – responderam em conjunto.

– Os senhores sabem que ele era um sujeito perigoso, que era criminoso?

O pai tomou a palavra:

– Sim, nós sabemos... Nós já tínhamos orientado ele, conversado muitas vezes... Ele não ouvia ninguém, andava armado, era perigoso, já tinha sido preso. E não adiantava falar! Ele mexia com drogas. A gente já tinha orientado ele...

A mãe começou a chorar. As lágrimas começaram a cortar o rosto dela, mudando totalmente sua aparência.

Em seguida, ela passou a falar:

– Nós cansamos de avisar ele... Cansamos! Mas ele era teimoso! Gostava da adrenalina, de andar com aqueles maus elementos!

Mãe é mãe. E eu ali ouvia tudo, respeitando a dor alheia. Foi quando naquele instante, do nada, me veio uma coisa na cabeça. Senti um arrepio no corpo pelo choro dessa mãe ali inconsolada na minha frente.

– Vocês são crentes? – perguntei.

A mãe respondeu:

– Sim, somos. Pela graça e misericórdia de Deus!

– De qual igreja?

– Da Congregação Cristã do Brasil.

– Então, a Paz de Deus!

O pai falou:

– Amém, irmão!

E começou a chorar com intensidade.

– Amém, irmão... O irmão me perdoa! (secando as lágrimas). Meu filho tentou matar o irmão!

– Não, irmão... Se alguém tem que pedir desculpas aqui, sou eu! Eu que matei seu filho...

– Não, irmão... Não... Ele não tinha mais jeito... Deus já tinha falado através da palavra que ele ia ter esse fim mesmo... Nós conversamos com ele, mas ele não quis ouvir... Então foi preparação de Deus...

E continuou:

– ... o irmão está ferido?

– Não, irmão. Esse é meu serviço. Estou bem. Graças a Deus.

Eu não havia reparado, mas a Marinês estava bem ao lado dessa família. Ela tomava nota de tudo. Eu olhei para ela. Ela retribuiu o olhar com espanto. Aí eu disse:

– Tá vendo, Marinês?!

Ficamos até a madrugada no distrito. A parte burocrática levou certa quantidade de tempo para terminar.

Tinha acontecido tudo aquilo que eu não gostava que acontecesse: uma ocorrência envolvendo um crente, em especial da minha igreja.

Marinês ficou em silêncio, somente observando. Se ela não tivesse vivido isso, iria dizer que foi uma "montagem", ou uma "armação". Mas, como ela participou de tudo, notou que essa situação foi bem real – inclusive porque ela fez uma matéria de uma página toda no *Jornal da Tarde* com os relatos dessa ocorrência.

Eu tenho muito disso na minha vida desde muito cedo– de as pessoas acharem que as situações que eu vivo são "criadas" ou "feitas" para um determinado fim. Mas só quem vive e passa o que eu passei na rua pode saber do que eu estou falando.

CAPÍTULO 15

O OUTRO LADO DA MESMA HISTÓRIA

18 de agosto de 1990.

Naquela mesma ocorrência, aconteceu algo engraçado. Quando eu estava no pronto-socorro, liguei para a Ivania, falando que tinha pegado uma ocorrência e iria me demorar mais naquela noite. Como isso acontecia de vez em quando, ela não falou nada. Bastava eu avisar que estaria tudo bem. Foi o que eu fiz. Só não falei que eu havia sido baleado por um motivo bem simples: minha esposa estava grávida de seis meses da minha filha Juliana, e já tinha tido um princípio de aborto. Ou seja, se eu desse uma notícia ruim, poderia acontecer algo pior. Então, preferi não falar disso neste momento. Só que...

... eu moro na área do 18º Batalhão. E o pessoal da viatura, por causa do rádio, ficou sabendo. Aí, um policial passou na casa do meu irmão e perguntou para ele:

– Ô Telhadinha, tudo bem?

– Sim.

– E como está seu irmão?

– Está bem, por quê?

– Ele foi baleado, pô! Tu não estás sabendo?

– Você tá brincando que meu irmão foi baleado?

– Não, não estou...

O primeiro pensamento de meu irmão foi: *Caralho! Se a Ivania souber disso vai dar merda!*

Ali meu irmão ficou louco. Ser baleado poderia significar qualquer coisa naquela época. E não havia celulares, então as comunicações ou eram de forma presencial ou por fichas no orelhão. E como poucas pessoas tinham telefone naquela época, meu irmão foi na casa do meu outro irmão e ambos foram lá na minha casa:

– Olá, Ivania, tudo bem?

– Tudo sim.

– O "Painho" está aí?

– Não, não está. Por quê?

– Por nada não. A gente queria falar com ele.

A Ivania, que não é tonta nem nada, já achou estranha essa situação de os dois irem lá presencialmente, de repente, em uma sexta-feira pela noite.

Ao saírem de lá, os dois conseguiram confirmar que ela não sabia que eu havia sido ferido.

Encontrei com meus dois irmãos na saída do Pronto-Socorro. Ali, assim que eu falei que estava tudo bem comigo, eles comentaram:

– Meu irmão, a Ivania não está sabendo disso ainda.

Menos mal, pensei.

– Então eu vou dar uma ligada para ela – falei para os dois.

E lá fui eu com as fichas no bolso ligar para a Ivania.

– Oi, Ivania. Tudo bem, meu amor?

– Tudo bem. Onde você está?

– Estou numa padaria aqui...

– Ué, por que você está me ligando? Você nunca me liga...

– Não... Sabe o que é... É que me deu saudades...

– Ah, tá. Obrigada. Está tudo bem sim.

– É que eu peguei uma ocorrência hoje e vou madrugada adentro, tá ok?

– Ah, tá. Tá bom. Beijo.

Eu não disse nada que fui alvejado. Menos mal que ela não sabia. Ainda.

>>>>>>>>>>>

Tomei um banho no quartel aquele dia.

Eu guardei a camisa e a farda ensanguentadas.

Tomei um banho com o gesso – não havia alternativa. Fiquei o tempo todo com o braço para fora, evitando molhá-lo. Foi estranho tomar banho daquele jeito.

Eu estava no alojamento, às 4h30 da manhã. Todos haviam ido embora, pois a ocorrência já terminara. Só eu fiquei por lá.

Coloquei meu *paisano* (roupa de cidadão).

Fui para o pátio. Cheguei junto ao meu Corcel 2, cor vermelha. Ano de 1981, modelo LDO a álcool. Dei ré no veículo e rumei sentido minha casa. Dirigindo somente com um braço mesmo, nas ruas vazias da madrugada de São Paulo. Enquanto eu dirigia, ia pensando: *Caralho. Escapei de uma boa hoje. Agora, como eu vou fazer quando chegar em casa? A Ivania vai me ver e vai tomar um susto! E ela não pode se assustar, por causa da gravidez. O quê que eu vou falar para ela?*

Minha cabeça foi pensando... e pensado... Ora eu imaginava uma coisa, ora eu refazia a ideia que acabara de pensar.

Nossa casa era alugada. E era uma casa térrea na época.

Encostei o carro na garagem. Passei a corrente da garagem.

Já sei o que vou fazer.

Fui até a porta da sala – que era a entrada de casa. Comecei a bater com força nela. E falei em tom nervoso (mesmo sem estar):

– Ivania. Ivania! Abre essa porta! Faz tempo que estou batendo aqui e você não abre a porra da porta!

Pense em uma mulher que levantou brava, mas BRAVA mesmo. Essa foi a Ivania naquele instante...

Só ouvi a voz vindo do lado de dentro da porta:

– Seu estúpido! Isso é jeito de acordar os outros! – Levantou me xingando.

E eu continuei:

– Abre logo!

Ela abriu com tudo a porta. Até eu me assustei com velocidade. Da mesma forma que ela abriu, se virou e retornou sentido ao quarto.

Ótimo, pensei. *Ela não viu nada.*

Fui para o quarto.

Ela estava virada para o lado oposto na cama.

Tirei minha roupa.

Ela espiou com o canto do olho. Viu meu gesso.

– O que foi isso?

– Não foi nada.

– Como que não foi nada? Seu braço esquerdo está inteiro engessado!

– Fui baleado.

Ela somente me observou. Ficou muda.

Sua expressão corporal mudou. Seu rosto empalideceu. Se ela não estivesse deitada, tenho certeza de que iria cair. Daí que ela quebra o silêncio – depois de alguns instantes – e me comenta:

– Ei, o que aconteceu? Me explique tudo!

Aí eu contei toda a história. Com detalhes. Ao terminar, a primeira pergunta dela é:

– E por que você não me disse antes?

– Olha como você está agora... Inclusive eu peço desculpas, porque eu te acordei de uma maneira ignorante para você não ficar assustada...

– Mas eu estou assustada! E ainda estou com raiva de você!

Aí eu ri.

Dei um beijo nela.

Pedi perdão.

E fui dormir.

(E o fato de ela ficar muito brava comigo, eu acredito, ajudou a Juliana a estar com 27 anos de idade hoje...)

>>>>>>>>>>>

A repórter não acreditou. Pensou que tudo isso, esses eventos, esses encontros e desencontros eram muita coincidência. Ela estava falando que as coisas não poderiam ser assim tão evidentes, acontecer de forma tão inexplicável. E, para minha surpresa, ela pediu para ir à igreja comigo. E assim tentei fazer, porque naquela época o pessoal da igreja não gostava de propaganda. Imagina, então, receber a imprensa? Tive de pedir autorização para o ancião:

– Irmão Wilson, o senhor me desculpa, mas essa é uma repórter do *Jornal da Tarde* e ela queria acompanhar o culto, porque estava comigo na viatura. E, como parte da reportagem, ela gostaria de acompanhar nossa rotina... Eu até comentei que o pessoal da igreja não tem esse costume...

– Não, Paulinho... Pode ficar tranquilo. Ela pode assistir sim, sem problemas. – E ele só fez uma advertência:– Eu só vou pedir uma gentileza para ti: não tire fotos de dentro da igreja. Só isso.

E naquele dia fomos a repórter, o fotógrafo e eu para a igreja ver o culto.

O culto pareceu feito para nós aquela noite!

Os hinos falaram todos sobre perigo, justiça, proteção divina. A palavra idem. Lembro-me de uma frase que marcou aquela noite: "*toda arma preparada contra ti não prosperarás*".

(Final do culto.)

– Telhada, eu não acredito! Tudo que ouvimos aqui hoje foi voltado para ti!

– Não, não foi para mim. Foi para você!

– Para mim?

– Sim, claro. Para você crer que Deus faz as coisas mesmo!

Ela saiu abismada.

E depois disso, eu tive um problema sério...

Eles fizeram algo que não era para ter feito: tiraram uma foto da janela, durante o culto. Sem eu ver. E publicaram isso na matéria do jornal, posteriormente. E isso, óbvio, me trouxe um baita problema dentro da igreja!

>>>>>>>>>>>

A igreja recebeu umas cartas anônimas no endereço da sede, em São Paulo, dizendo que eu era músico da Congregação, tinha aparecido no jornal, matado uns criminosos, e por isso deveria "cortar o meu Ministério" (leia-se *ser afastado da igreja*).

Aí eu fui "convocado", oficialmente, para ir lá à sede. E lá fui eu para a reunião. Mas eu não fui como civil. Foi no meu horário do almoço, portanto eu estava fardado. E quando eu cheguei lá, havia uma sala grande, com portas bem bonitas, onde fiquei aguardando. Alguns poucos minutos depois, pediram para me chamar.

Eu entrei.

Havia diversos senhores lá sentados em mesas de mogno em formato de semicírculo. Eu fiquei ao centro, em pé mesmo. Eu lembro que pegaram a página do jornal e começaram a falar. E falaram. E falaram ainda mais. E era crítica atrás de crítica. E depois, me deram a palavra. E eu falei. Falei detalhe por detalhe de tudo que havia ocorrido. Com todos os pormenores. Inclusive os sórdidos. Preferi falar tudo, sem nada esconder – mesmo porque eu não precisava disso.

Aí, quem estava presidindo a sessão, diz o veredicto:

– Irmão, nós chegamos à conclusão de que vamos cortar sua liberdade. A partir de hoje você não poderá mais tocar seu instrumento musical na igreja.

Eu interrompi:

– Mas a única coisa que eu faço na igreja além de orar é tocar... não vou nem mais poder tocar?

– Não, não vai. – E continuou: – O que o irmão acha disso?

Aí eu falei para o ancião:

– Irmão, eu sou um soldado desde os meus 17anos. E, como um soldado, estou acostumado a cumprir ordens. Se a ordem que a igreja está me dando é essa, eu vou cumprir. O que eu posso fazer?

– Tá bom. Pode se sentar.

E eu fui me sentar. E sentado ali, na hora, eu, como pai, marido, com filho pequeno, pensei comigo mesmo: *Puta merda... Cortaram a minha liberdade... O quê que a minha mãe vai pensar?*

Eu estava tão abatido que não havia nem reparado, mas alguns outros irmãos assistiam à sessão no canto direito daquele grande salão.

Eu só ouvi uma voz cortar o silêncio do ambiente:

– Irmão, eu não concordo! Ele estava trabalhando... Eu conheço a família dele! O avô do irmão era diácono na igreja! Se ele matou bandido é porque, graças a Deus, estava em missão. E outra: ele é policial!

Um outro irmão falou em tom eufórico:

– É verdade! É verdade!

Ali começou um tumulto...

E o presidente da sessão falou:

– Mas, irmãos, eu estou pensando é na obra...

Um dos sujeitos falou:

– Que obra, irmão!? A obra está perfeita, andando como tem de andar...

Um outro disse:

– Quem escreveu a carta não vale nada, irmão, porque nem teve coragem de se identificar...

E ali mesmo, depois de muitas discussões e conflito de opiniões, deu tudo certo.

Fiquei no ministério. E, graças a Deus, continuo nele até hoje.

>>>>>>>>>>>

O Rafael, meu filho, tinha 3 anos nesta época.

Nós estávamos brincando na sala de casa. Eu estava com ele no meu pescoço, de um lado para o outro, de "cavalinho". Para onde ele apontava eu ia. E eu ia meio que "trotando", fazendo-o rir cada vez mais. Enquanto brincávamos, a Ivania estava na cozinha arrumando as coisas após aquele almoço maravilhoso que ela preparou.

A campainha tocou.

Estranho, eu não estava aguardando ninguém...

Aí surgiu uma voz feminina do lado de fora da porta:

– Telhada, bom dia... É a Marinês, do *Jornal da Tarde*.

Deixei o Rafa sentado no sofá. E fui abrir a porta para ela:

– Marinês! Pensei que você viria no meio da semana!

– Não, preciso terminar a matéria até amanhã.

Ela fitou rapidamente o meu braço engessado. A lembrança da ocorrência ainda era muito evidente.

– Que bom, entre! Você precisa de mais informações?

– Preciso sim. Mas não de você... Gostaria de falar com sua esposa. Ela poderia me receber?

E eu pensando que era comigo que ela gostaria de falar... Mas, enfim... Falei lá da sala mesmo:

– Ivania. Ivania! A jornalista Marinês quer falar contigo!

E a Ivania veio enxugando as mãos no pano para conhecer a Marinês.

– Prazer, Ivania.

– O prazer é meu, Marinês.

E ali elas ficaram conversando, por mais ou menos quarenta minutos. Eu fiquei ali com o Rafael, somente acompanhando.

Próximo ao final da conversa, Marinês pergunta para o Rafa:

– E você, Rafael, vai ser policial quando crescer?

– Não, vou ser bombeiro!

– Por quê, Rafael?

E ele, na maior inocência de uma criança, respondeu de forma bem vagarosa:

– Porque, tia... porque polícia toma tiro e dói!

Todos na sala rimos.

A Marinês continuou, pegou todos os detalhes de que precisava e se despediu.

Passados alguns dias, chegou um embrulho em casa. Ficamos curiosos em saber o que era. Eu abri o embrulho, com o qual vinha uma carta, dizendo o seguinte:

"AO QUERIDO RAFAEL
AGUARDAMOS VOCÊ NOS BOMBEIROS.
ASS: CORONEL ASSUNÇÃO – COMANDANTE GERAL."

O comandante geral da PM na época, o coronel Assunção, mandou para minha casa uma lindíssima carreta-tanque de bombeiros de brinquedo para meu filho. Naquele momento, ao ler o bilhete para a Ivania, nos sorrimos um para o outro. Foi um sentimento de gratidão enorme que tomou conta de mim, tendo em vista o carinho e o estímulo da corporação de bombeiros.

Nunca me esqueci daquele episódio.

O Rafael, de tanto, mas tanto brincar com seu brinquedo, quebrou toda a carreta. Mas tenho certeza de que isso o estimulou ainda mais a seguir a carreira que ele escolheu para si.

>>>>>>>>>>>

Ter bigode naquela época era algo tradicional aos policiais. Era bem comum mesmo. Parecia parte da vestimenta, do vestuário. E eu, claro, também tinha o meu. Tanto que nas matérias e reportagens, quando eu aparecia, sempre foi com meu bigodão. E, depois desse evento, desse meu primeiro acidente, eu o removi – cortei tudo! Decidi mudar meu visual, como se fosse um rito de passagem, o começar de um novo momento na minha vida. E, dali para a frente, eu nunca mais usei bigode.

CAPÍTULO 16

DE ONDE NASCE A VIOLÊNCIA COMO ELA É HOJE

Anos de 1970 até recentemente.

Por incrível que pareça, a violência de hoje decorre do terrorismo dos anos de 1970. Vou explicar esta linha de raciocínio com argumentos históricos reais.

Tudo começou em Ilha Grande, no Rio de Janeiro. Os terroristas da época (grupos paramilitares que foram presos em operações contra o estado) eram extremamente perigosos, pois detinham um conhecimento muito acima do comum – técnicas militares mesmo. Alguns desses grupos, como VPR (Vanguarda Popular Revolucionária), VAR-Palmares (Vanguarda Armada Revolucionária Palmares), COLINA (Comando de Libertação Nacional) e demais terroristas de grupos menores começaram a ser frustrados pelas forças militares dos anos de 1970, ou seja, foram capturados e levados para a cadeia pública. A grande questão é que esses presos com alto conhecimento de explosivos, armamentos, técnicas de combate e guerrilha foram postos com presos comuns. Isso mesmo! Eles começaram a ir para o mesmo presídio aonde os presos julgados à época eram encaminhados. Ou seja, eles começaram a se comunicar. E a "compartilhar" deste tipo de conhecimento especializado, formando grupos dentro da própria cadeia. O que surgiu disso? Uma organização chamada COMANDO VERMELHO, que foi fundada por um sujeito chamado José Carlos dos Reis Encina, vulgo

"ESCADINHA". Este foi o líder dessa facção logo no início de sua criação.

Os terroristas daquela época ensinaram aos presos comuns as técnicas de guerrilha. Atualmente, a maioria das grandes ações de criminosos é realizada com base em técnicas de guerrilha urbana. Os presos começaram a perceber que para ter sucesso no crime eles precisariam utilizar de técnicas paramilitares. E foi isso que ocorreu. E até hoje essas ações podem ser vistas no crime.

O Rio de Janeiro dos anos 1970 era dominado por outro tipo de máfia, que era muito, mas muito lucrativa para o período: os bicheiros. E não pensem que eles não eram cruéis. Quando precisava, eles cometiam seus crimes, sim. A atividade deles, em si, já era crime! Mesmo assim, eles mantinham todo o controle do aparato do submundo do crime nas mãos. Eles não queriam chamar a atenção, pois o Jogo do Bicho e suas máquinas caça-níqueis precisavam estar sempre funcionando. Como eles não gostavam de chamar a atenção, os bicheiros não gostavam de quem perturbava seus "negócios". E, para tentar ganhar território, com os criminosos (traficantes e ladrões) que tentavam "ganhar espaço", ou seja, atrapalhavam suas ações, os bicheiros eram implacáveis: sumiam com eles. Ou seja, eles eram ilegais – é óbvio –, mas não deixavam o tráfico e o crime tomar conta dos morros do Rio. É estranho isso, mas é verdade.

A atividade da jogatina movimentava muito, mas muito dinheiro mesmo!

Só que nos idos de 1983 os bicheiros começaram a ser, literalmente, "caçados" pelo estado. E cada vez mais eles começaram a "cair", foram ficando velhos, eram presos ou mortos nas trocas de tiros. E qual o resultado disso? O que aconteceu logo em seguida? O tráfico começou a se expandir! Simples assim. E na mesma proporção que os bicheiros foram perdendo espaço. Ou seja, o crime trocou de dono. Só que agora as drogas estavam presentes. Os assassinatos ficaram mais brutais. E os grupos criminosos começaram a se organizar... Cada vez mais...

E o resultado disso tudo?

Como esse "modelo" de crime deu certo no Rio de Janeiro, acabou sendo trazido para São Paulo. E logo que deu certo em São Paulo foi expandido para o Brasil todo. **O maldito do crime organizado.**

A questão principal foi a mistura dos criminosos políticos com os criminosos comuns. Essa é a verdade. Ali é que começou o problema...

CAPÍTULO 17

EXCLUSÃO OU VÍTIMA SOCIAL?

Minha visão. Períodos recentes.

Normalmente o crime é uma opção, e não uma falta dela. Baseado em tudo o que vi, vivi e estudei, minha visão é bem clara neste aspecto. Eu digo isso porque pode existir em nosso país, em algum rincão por aí, uma pessoa que foi submetida a uma situação muito delicada, como presenciar a morte do pai ou da mãe, por um pistoleiro ou um jagunço (malfeitor contratado), e que acaba se tornando um criminoso para combater o crime que ele viu e não aceitou. Ou seja, ele "*entra no crime para combater o crime*". Essa é uma situação.

Agora, situação mais comum é essa:

O vagabundo quer crescer de forma rápida, sem ter de se esforçar, sem ter de se empenhar, de estudar, de trabalhar, de "ralar" mesmo, pegar no "batente". Ou seja, ele não quer aguardar o curso do tempo de, por exemplo, adquirir um carro quando tiver entre 25 e 30 anos. Ele quer ter com 18. E como com 18 é um pouco mais difícil, ele vai lá e "toma" de quem já conseguiu passar por esse tempo e esforço. O vagabundo não quer esperar. Ele quer rápido. Então ele rouba o bem (material) alheio. O marginal não quer ter de "ralar" o mês todo para comprar um tênis um pouco melhor: ele vai lá e toma de você, que fez esse esforço. Assim, no duro! Ou seja, o maldito sabe o que é certo e o que é errado desde criança (de pequeno mesmo), mas vai lá e rouba do outro CONSCIENTEMENTE. O indivíduo sabe que é errado, mesmo assim vai lá e faz. Então, o que eu posso dizer disso?

QUE O CARA É UM TREMENDO FILHO DA PUTA!

Isso sim!

Infelizmente é isso mesmo! Sem meias palavras...

Eu já perguntei dezenas (quiçá centenas) de vezes para uns bandidos que prendi ao longo da minha carreira:

– MEU IRMÃO, POR QUE VOCÊ FOI ROUBAR?

– AH... HÃ... É PORQUE EU ESTAVA PASSANDO FOME!

– E POR QUE VOCÊ NÃO FOI TRABALHAR? POR QUE VOCÊ NÃO FOI LIMPAR, CORTAR GRAMA, CARPIR UM TERRENO?

– TÁ ME TIRANDO?

Era isso que eu ouvia... “Tá me tirando?”. O cara acha indigno fazer algum trabalho. Ele prefere ir lá e roubar mesmo. Então, está consciente disso! Por isso mesmo, tem de se foder...

Agora a questão da vítima social...

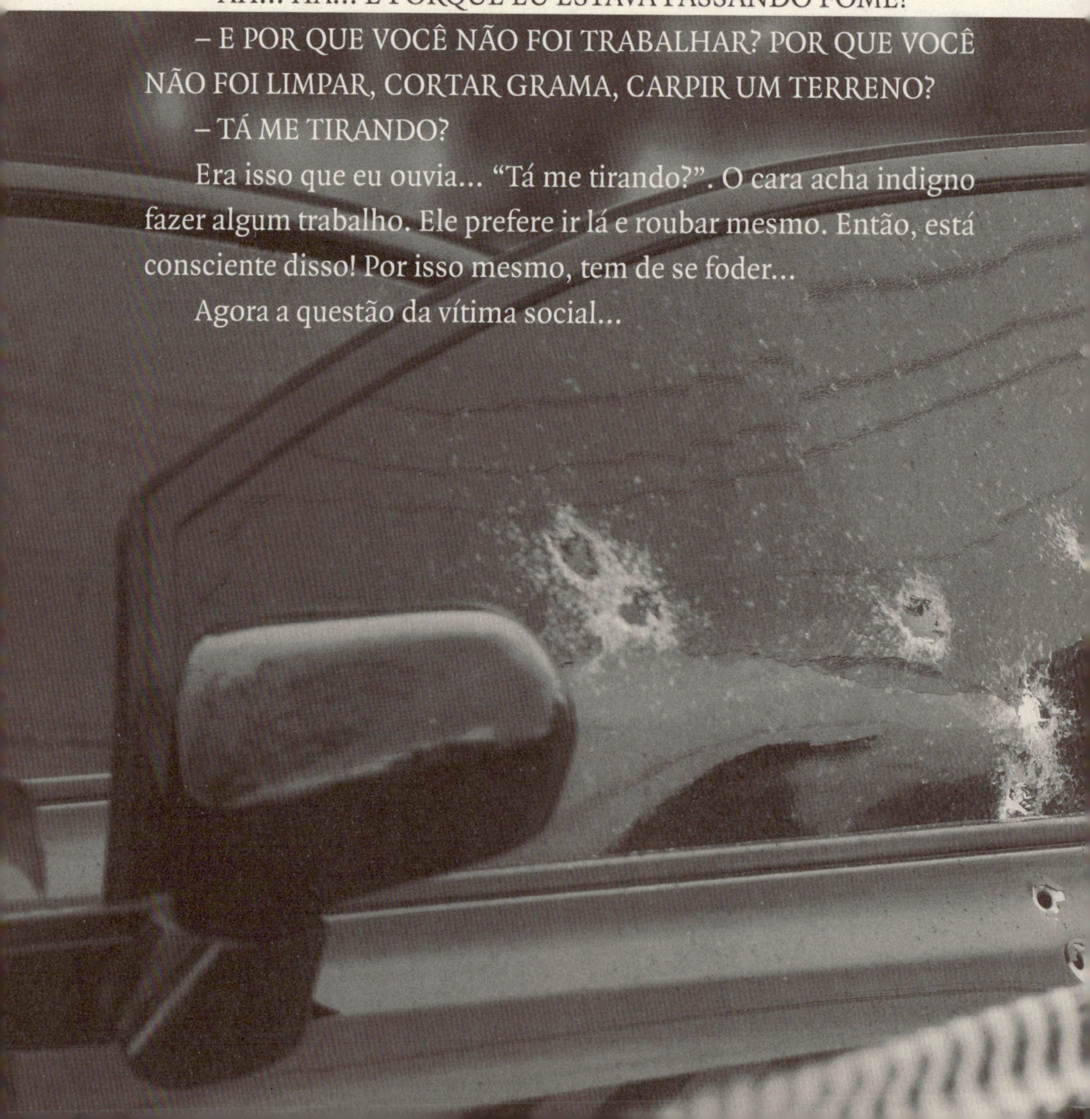

Eu acredito em exclusão social, em humilhação social, em não pertencer a determinados agrupamentos que a sociedade criou. No entanto, não acredito na figura da "vítima social". Meu pai não tinha porra nenhuma, minha mãe fazia costura e assava bolo para vender quando eu era bem pequeno... E nem por isso meus irmãos ou eu nos perdemos na vida. E apesar de isso não querer dizer nada, o que estou querendo destacar aqui é que *cada um faz sua opção...* Tudo na vida é opção. Se você fez uma má opção para sua vida, não adianta depois dizer que foi "vítima social". Aí você tem que arcar com ela. Quantas pessoas que não tiveram condições de estudo, de instrução... e vão longe (criam uma boa família, uma carreira e conseguem realizar seus sonhos)?!

Por isso mesmo eu não acredito em exclusão social. Eu acredito em trabalho, em vida simples. Se Deus te deu uma vida simples, não adianta você querer viver a vida da pessoa que é milionária! E isso é o que eu mais vejo acontecer em diversas áreas da vida!

Assim, eu não aceito a figura da vítima social, do coitadinho... Porque as pessoas sabem o que é certo e o que é errado desde que nasceram... Quando você é criança, sabe se fez cagada só pelo jeito como seus pais olham para você (em especial a mãe). Você já sabe que vai levar um "coro"... E sabe que está errado! Então não pode falar que "não sabia que estava errado" ou que foi "levado pela situação"... Você fez porque você quis.

Levando para a igreja: "Eu fiz isso porque o diabo me tentou...". O diabo não tentou porra nenhuma! A oferta está lá... Você aceita se você quiser... Deus te deu o livre-arbítrio para você decidir... Se alguém é culpado, este é o responsável pela decisão. "O livre-arbítrio é uma permissão de Deus... Faça sua escolha da maneira correta para não se arrepender depois...", porque não adianta colocar a culpa no diabo.

Esse papo de o cara ter virado bandido por ser "menos favorecido" é mentira. Eu fui criado na rua descalço, em uma periferia de São Paulo, usando calção sem cueca, sem camisa, como todo moleque da minha idade foi. Na minha geração, um monte de conhecidos virou policial e uma quantidade enorme virou bandido. E isso não por causa de nossa condição social ou de criação familiar, mas porque o sujeito já não prestava mesmo! Desde quando era pequeno! Era um daqueles rapazinhos metidos a bater nos outros desde criança porque eram mais fortes, metidos a "machões" (e quem era machão gostava de fumar e mostrar para os outros!), então você começa a ver que o cara já tinha algum tipo de desvirtuamento. Ele batia nos meninos, nas meninas, ou forçava as meninas a qualquer coisa. O cara, normalmente, não tinha uma família estruturada, apesar de esse fato por si só não definir que alguém pode ser um "torto" na vida. Mas ajuda. Mesmo porque, não tendo uma família estruturada, a criança não vai respeitar o pai e a mãe; aí, consequentemente, não respeitaria o professor também. Se não respeitava o professor e não frequentava uma igreja, não tinha ninguém que o orientasse. Então seguia fazendo o que queria. E um cara que faz sempre o que quer, uma hora faz coisa errada.

Pobreza, falta de instrução ou uma má infância não fazem ninguém virar criminoso. É a índole da pessoa que o faz.

Então, o cara se torna um criminoso porque quer. E não porque "não teve outra opção". Opções todos temos – de fazer o certo e o errado. O mais trabalhoso é escolhera opção mais digna – mesmo que isso signifique não conseguir tudo aquilo que você queria. O mérito está nisso.

CAPÍTULO 18

A ROTA É ETERNA: UMA VEZ ROTA, SEMPRE ROTA

Tempos atuais.

Fazer parte de uma polícia de elite não é fácil. Além de ser um bom policial, você precisa estar disposto a pagar o preço. E esse preço vem pelo tempo de dedicação, pelo treinamento pesado (fisicamente falando) a que você será submetido, pela retidão de caráter e de postura, pelos desafios que você vai enfrentar todos os dias e, principalmente, pelo impacto mental (o estresse) que você irá sofrer. Só quem vive e combate o crime cotidianamente, com toda a crueldade que esses marginais têm, observando o pior lado do ser humano, é que pode opinar sobre isso.

Você pode até falar que é contra algum método, que não concorda com uma suposta "truculência" da polícia ou abordagem divulgada na mídia ou algo similar. Mas, quando você vê sua esposa, marido, filho ou filha com uma arma na cabeça, em uma situação em que se sente totalmente impotente diante da crueldade de um ser humano desesperado ou diante de um marginal altamente drogado, é que vai saber o que estou dizendo... Se você é (ou foi) vítima de um crime (assalto ou ameaça), e teve um vagabundo ao ponto de te tirar a vida de alguém, em uma situação limite (vida ou morte), **sabe do que eu estou falando**... Ali você sabe que está nas mãos de uma pessoa atormentada e que, muitas vezes, não quer te ouvir. Muitas vezes, ela não quer levar só o que você tem (seu dinheiro, seu carro), ela quer levar sua vida. E, com esse tipo de gente não adianta tentar dialogar muito. Eu já vi várias vezes policiais que tentaram isso, **e no final o marginal matou os reféns - todos - e se matou.** E a vida de inocentes escorreu diante dos olhos desses policiais trabalhadores, sem que nada pudessem fazer. Pense na cabeça desses policiais depois desse ocorrido, que viram isso acontecer diante de si. De quantas vezes não se culparam por não terem agido com um pouco mais de pontualidade, de ação mesmo. Pode ser que se tivessem sido mais enérgicos pessoas de bem (trabalhadores, cidadãos, pais e mães de família) não teriam morrido de forma tão brutal e tão banal. E eles podem se culpar uma vida inteira por isso. E é com esse tipo de estresse mental que lidamos no nosso trabalho.

Nós observamos, dialogamos e seguimos os protocolos de segurança – todos! Inclusive, criamos uma nova conduta de abordagem e de postura do policial militar na sua função. Só que não podemos admitir, e muito menos permitir, que mais gente inocente morra nessa violência urbana (de todos os tipos) que acaba afetando nossa sociedade. Fomos altamente treinados para coibir todos os tipos de violência. Os militares que pertencem à Rota são aqueles com os quais o crime organizado sabe que não terá segunda chance – porque em uma situação limite só se existe uma única chance. Na segunda, pode ser que já não haja possibilidade de se resgatar uma vítima. Então, agimos como temos de agir. Sem perder tempo. Sem vacilar.

Se tivermos um erro nesse processo de proteção, esse erro foi o excesso de energia, nunca a omissão desta. Infelizmente, o contato direto com a criminalidade nas ruas faz com que fiquemos em estado de atenção permanente, não relaxemos nunca. E isso se traduz nos nossos olhares, no nosso tom de voz (tom firme e direto) e na objetividade das nossas ações.

Por isso que eu falo: ANTES DE FALAR MAL DA POLÍCIA, PRIMEIRO A CONHEÇA. DEPOIS, SE ACHAR NECESSÁRIO, CRITIQUE. É muito fácil falar das coisas sem entendê-las. E uma pessoa, para tentar entender o que vivemos, tem de pesquisar bastante para ver com os próprios olhos com o que lidamos no dia a dia. E posso te garantir: não é um dos trabalhos mais fáceis lidar com quem está disposto a mandar bala de fuzil em sua direção sem se importar com as consequências... (Vai lá tentar ser cordial e delicado com ele para ver o que vai te acontecer...).

É contra esse tipo de resistência que eu lutei a vida toda. Para parar marginais que queriam tirar a vida de pessoas comuns, indivíduos que destruíam a família de cidadãos e vagabundos que não querem que a sociedade melhore, mas sim que ela deteriore. E, por isso, enquanto esses indivíduos não cessarem sua resistência eu, literalmente, não paro de atirar. Quando eles pararem, eu paro. A única diferença é que eu treinei bastante durante minha carreira para não desperdiçar a munição...

Aí, de quando em quando, eu vejo uma pergunta na mídia: POR QUE MORRE TANTO BANDIDO E NÃO MORRE UM POLICIAL? E é uma pergunta inadmissível essa! A resposta é mais simples do que se pode imaginar: porque os policiais não são treinados para morrer! São treinados para prender e atender uma ocorrência. Se o vagabundo resistir, vamos mostrar o porquê de nosso treinamento ser tão duro e difícil de ser completado. Só que ele tem a opção de se render... O grande problema é que a maior parte deles prefere partir para o "Tudo ou nada". E neste "Tudo ou nada", quem tem o melhor treinamento normalmente se sai muito melhor. Desta forma, o bandido sempre irá perder. Daí a resposta para essa pergunta.

Na época em que eu comandava a ROTA, nós prendíamos centenas de pessoas todos os meses. E milhares por ano. E cada marginal que tirávamos da rua era um crime (ou vários) a menos que deixou(aram) de ser cometido(s). Então, *fazíamos um trabalho preventivo*. Quando eles cessavam a resistência, nós prendíamos esses indivíduos (estivessem eles armados ou não). E esse é o melhor dos trabalhos. Ser reativo é uma questão pontal, que acontece e precisa ser resolvida naquele instante. O melhor trabalho é aquele que previne "antes que aconteça", e não aquele que "apaga o fogo".

É um erro pensar que a Rota é violenta. De MANEIRA NENHUMA! Ela é uma organização que RESPONDE À ALTURA DO CRIME! Violento é um cara que vai sábado de manhã na minha casa atirar em mim e na minha família. Violento é um cara que ameaça uma mulher com uma arma. Violento é o cara que sequestra alguém e machuca essa pessoa. Esse sujeito é violento, ele é o criminoso. Por isso, é um erro pensar que essa corporação é violenta.

As críticas ao que trabalham para proteger o bem comum sempre existiram. Mas nem por isso se deve deixar de fazer o trabalho como ele deve ser feito. Nós só sentimos o que é a violência quando ela acontece conosco ou com quem amamos. Aí nós nos lembramos desses honrados homens, desses bravos heróis que se expõem neste dia a dia caótico em que vivemos para manter a ordem e a segurança. E afastar qualquer coisa que nos faça mal. Em uma sociedade altamente complexa, que está cada vez mais interligada e dependente em todas as suas relações, a hora em que se convencionar que é comum (ou normal) perder policiais militares em ocorrências, essa sociedade, em particular, estará falida.

Enquanto houver criminosos, haverá a ROTA. E enquanto a ROTA existir, o crime jamais sairá vitorioso...

"UMA VEZ ROTA, SEMPRE ROTA."

CRÉDITOS DAS IMAGENS

Fotos

>> Páginas 21 e 27, de Paulo Cerciari (parte do acervo pessoal de Paulo Adriano Lopes Lucinda Telhada), veiculadas em:
Sete horas de tensão e medo fazem 3 mortos. *O Estado de S.Paulo*, São Paulo, ano 114, 13 mai. 1989.

>> Págs. 244 e 245:
nAntonie/shutterstock

Matérias dos jornais

>> Pág. 27:
Um dia de cão na Zona Norte. *Diário Popular*, São Paulo, 13 maio 1989.

>> Pág. 43:
2 bandidos mortos na chuva de chumbo. *Notícias populares*, São Paulo, n. 7.879, p. 8, 26 nov. 1985.

>> Pág. 151:
Dor e morte na batalha da detenção. *Folha da tarde*, São Paulo, ano 20, 21 mar. 1985.

>> Pág. 215:
Em ação, os soldados de Cristo. *Jornal da Tarde*, São Paulo, ano 25, n. 7.596, 21 ago. 1990.

AQUI É ROTA
—EM IMAGENS

>> Telhada, quando bebê (abril/1962).

>> Coronel Telhada, o pai e o irmão (1964).

>> Aniversário em conjunto: Telhada, Nego e Finho (1972).

>> Coronel Telhada tocando clarinete (1966).

>> O avô Adriano, Telhada, Finho e Nego. Vila Picinin, 1966.

>> Primeira foto fardado. Carteirinha do D.A. (1979).

>> Escalando o Pico do Jaraguá com os amigos da igreja no início dos anos 1980.

>> Oficiais da PM cruzando espadas na cerimônia de casamento entre o coronel Telhada e Ivana (1985).

>> No baile da Festa do Espadim (1981).

>> Momento especial do casal, coronel Telhada e Ivana, durante cerimônia de casamento.

>> Aluno oficial PM Telhada no dia do recebimento do símbolo do cadete: O Espadim, 24 maio de 1981.

>> Continência à bandeira após recebimento do Espadim.

>> Tropa em uniforme de gala na formatura (1979).

>> Comandando o pelotão de alunos oficiais em treinamento de combate rural (Franco da Rocha, novembro de 1983).

>> Aula de taekwondo – instrução de defesa pessoal (1979).

>> Aspirantes Casarotto, Eugênio e Telhada. 23º Batalhão de Polícia Militar do Interior (Lorena – SP, 1984).

>> Treinamento de manobra militar junto aos alunos Alcarria e Casarotto na Serra da Cantareira usando o antigo 7º uniforme (1981).

>> Manobras militares (1981).

>> Manobras militares: tirolesa (1981).

>> Treinamento como cadete: metralhadora Beretta 9 mm (1982).

>> Servindo como aspirante à oficial, na cidade de Guaratinguetá, trabalhando no patrulhamento tático móvel (1984).

>> Servindo em Aparecida do Norte (1984).

>> Em São Paulo, servindo no 4º BPMM – Lapa: Cabo Sérgio e soldado Nilson no saudoso Tático Móvel.

>> Aula de cavalaria: "ranilhando" o cavalo. Academia de Polícia Militar (1981).

>> Treinamento de manobra militar: travessia de curso de água – último ano (1983).

>> Aula de Francês. Academia do Barro Branco (1980).

>> Barro Branco – vista da Caixa-d'Água (1982).

>> Presídio da Ilha Anchieta-SP onde foi realizado um trabalho escolar de policiamento de guarda (1983).

>> Carlos (irmão) servindo no 4º BIB (Osasco) e coronel Telhada (1982).

>> Primeiro dia "saindo" com o Espadim no 4º uniforme (1981).

>> 8º Uniforme. Uso diário em sala de aula (1979).

>> "Bico" nas férias de julho de 1982.

>> A avó Nair e a noiva Ivania na entrega do Espadim. Maio de 1981.

>> Recebimento de condecoração "Láurea de Mérito Pessoal" (maio de 1988).

>> BPMM na qual está como porta-bandeiras do batalhão.

>> Curso de paraquedismo: tenente Antão, tenente Telhada, sargento Atanes e sargento Frazão (Americana – SP, 1987).

>> Aluno oficial Telhada em primeiro uniforme azulão (1983).

>> Recebimento de primeira medalha – Mérito e Dedicação do DA – Diretório Acadêmico XV de Dezembro (1983).

>> No tático móvel do 4º batalhão, portando a "famosa" metralhadora Beretta 9mm (1984).

>> O pelotão da ROTA Matutino (1986).

>> Treinamento no GATE – descendo em rapel do helicóptero Águia Uno (1987).

>> Treinamento no GATE – descendo em Rapel do prédio (1987).

>> Aspirante a oficial Telhada utilizando o "Capote Azul".

>> Curso de paraquedismo: tenentes Antão e Telhada; sargentos Atanes Frazão (Americana, 1987).

>> Formatura de Oficial – Festa da Espada –, a qual o coronel Telhada recebeu das mãos de sua mãe Heleusa (15 de dezembro de 1983).

>> Viatura de ROTA (viaduto Santa Ifigênia, 1986).

>> Insígnias militares recebidas ao longo da carreira.

>> Recebimento da medalha Pedro de Toledo – Escola de Soldados (1987).

>> Tempos atuais: condecoração pelo trabalho no combate ao crime.

FONTE: Quadraat | Hettenschweiler

#Novo Século nas redes sociais

grupo novo século
www.gruponovoseculo.com.br